타이쿤의 **주가양자파동이론**
입문편

타이쿤의 주가양자파동이론 – 입문편

초판 1쇄 인쇄 2009년 11월 19일
초판 1쇄 발행 2009년 12월 11일

지은이 | 손태건
펴낸이 | 전익균

이사 | 송영욱, 임상현
편집장 | 김남희
편집, 기획 | 김미화, 이미순
디자인 | 이호영
마케팅 | 오정민, 허윤영
경영지원 | 최예란

찍은곳 | 예림인쇄
출력 | 한국커뮤니케이션
제본 | 바다제책

펴낸곳 | (주)새빛에듀넷
주소 | 서울 강남구 역삼동 723-28 영빌딩 1, 2층
전화 | 02-3442-4393~4   팩스 | 02-3442-6771
e-mail | svinvest@hanmail.net   홈페이지 | www.assetclass.co.kr
등록번호 | 제16-4043호   등록일자 | 2006. 11. 28

값 18,000원

ISBN 978-89-92873-53-6 (13320)

타이쿤의
주가양자파동이론 입문편

양자파동이론으로 주가 상승과 하락을 예측한다

| 손태건 지음 |

 도서출판 새빛
AEVIT

본서 『주가양자파동이론』 입문편, 실전편, 응용편은 각각 저자의 열한 번째와 열두 번째 그리고 열세 번째 책이다. 입문편은 주가양자론에 관한 내용을, 실전편은 주가양자론을 발전시킨 주가양자역학에 관한 내용을, 응용편은 주가양자파동이론의 응용에 관한 내용을 담고 있다.

입문편의 제1단원은 주가양자론에 관한 것인데, 양자론을 본격 설명하기에 앞서 주가운동에 대한 선행 지식을 습득하는 것을 목표로 한다. 제1편 '변화' 항목에서는 제1장 '변화수열' 안에 제1절 음양, 제2절 차트, 제3절 운동, 제4절 가속의 순서로 기본적인 내용을 제시하며, 제2장 '타이쿤 수열'에서는 주가 에너지의 변화 양상을 시간론 및 음양론 그리고 양자론의 관점에서 접근한다. 이 과정에서 물리학의 양자론을 활용한 양자도약이론을 통해 주가 상승과 주가 하락을 예측하는 원리를 설명한다. 그리고 물리학의 전자기 이론을 응용한 주가 전기작용과 주가 자기작용에 대한 설명도 제시된다.

입문편의 제1단원 제2편부터는 양자론이 본격적으로 설명된다. 입자와 양자의 차이를 활용한 주가 분석방법과 연속에너지 및 띄엄띄엄 형성되는 이산에너지의 구분에 대해서도 알

아본다. 에너지 양자가 운동하는 방법을 활용해 주가 바닥과 주가 천정을 추정하는 방법과 주가 바닥 및 주가 천정에 도달하는 과정에 대해서도 설명한다. 특히 양자도약이론을 활용해 코스피 지수가 바닥을 형성했던 2008년 10월 27일을 전후한 급등락의 원인과 진행경로를 자세히 분석하며, 상승목표 추정 방법에 대해서도 제시한다.

제2편 제1장은 '흥분 상태와 바닥 상태'를 양자도약이론으로 설명하며, 제2장 '캔들의 음양과 양자론'에서는 하락목표치와 상승목표치를 양자도약이론으로 추정하는 방법을 코스피 지수 892.16 바닥을 전후한 일간 차트의 움직임을 시간적으로 추적하면서 자세히 제시한다. 제3장 '하락 패턴… 바닥 패턴'과 제4장 '상승 패턴… 천정 패턴'에서는 코스피 시장과 코스닥 시장에 상장된 개별 종목의 일간, 주간, 월간 차트를 활용하여 기본 여덟 가지 바닥 패턴과 기본 여덟 가지 천정 패턴을 합한 열여섯 가지 상승, 하락 패턴을 제시하여 개별 종목 투자에 바로 활용할 수 있도록 구성하였다.

실전편은 제2단원부터 시작한다. 제2단원의 제목은 '주가양자역학'이다. 주가양자역학은 제1단원에서 설명한 양자론을 바탕으로 주가 상승 에너지와 하락 에너지가 양자적 관점에서 서로 얽히면서 진행하는 과정을 연결하여 설명한 것이다. 제1단원 '양자론'이 상승 패턴과 하락 패턴을 개별 양자운동이 서로 얽히기 전의 기본 패턴에 대해서 설명한 내용이라면, 제2단원 '주가양자역학'은 양자론에서 제시된 기본 패턴들의 상호작용 과정과 얼개 및 알고리즘을 설명하는 내용이다. 그 과정에서 복잡계 이론인 프렉탈 및 상호상기 등에 대한 설명도 제시된다.

제2단원의 내용은 제1편에서 중국 상해 지수 월간 차트를 중심으로 코스피 지수 일간 차트 그리고 미국 다우존스 주간 차트 및 일본 니케이 225지수 주간 차트를 참고자료로 하여 주가운동을 양자역학적 관점에서 분석한다. 제2편에서는 한국 코스피 지수 월간 차트와 주간 차트 및 중국 상해 지수 일간 차트에 나타난 천정 직전 패턴과 천정 이후 진행 과정을 분석하며, 제3편에서는 코스피 월간, 주간, 일간 차트를 가지고 바닥 패턴 형성과 그 후 초기 및 중기 상승 진행을 양자역학적 관점에서 분석한다.

응용편은 제3단원부터 시작한다. 제3단원의 내용은 양자파동이다. 제1단원 '양자론'은 음봉 양자와 양봉 양자가 서로 얽혀 만들어내는 기본 패턴에 관한 것이고, 양자역학은 음봉 양자와 양봉 양자가 양자론적인 원리에 의해 연속적인 구조를 이루면서 상승 추세와 하락 추세를 만들어가는 과정을 설명한 것이며, 양자파동은 양자역학적 구도가 보다 큰 규모에서 작용하는 시스템을 제시한 것이다.

제1편에서는 양자파동의 기본 원리를 설명하고, 제2편과 제3편에서는 바닥 패턴과 천정 패턴을 설명한다. 한국 코스피 지수와 상해 종합 지수의 천정과 바닥을 형성하는 원리를 일간, 주간, 월간 차트로 구분하여 자세하게 적시하였다.

제4단원에서는 미국 다우존스 지수가 바닥을 형성한 원리를 시간론, 음양론, 양자론 그리고 양자파동이론의 관점에서 일간, 주간, 월간 차트로 설명한다. 필자가 미국 다우 지수 3월 6일 바닥을 예견한 칼럼 내용에 상세한 설명을 추가하였다.

제5단원에서는 코스피 지수가 장기 상승 국면에 진입한 상황을 연간 차트와 주간 차트를 중심으로 시간론, 음양론, 양자론, 양자파동의 관점에서 설명한다. 왜 코스피 지수가 2008년 10월 27일 892.16에서 바닥을 형성했는지와 향후의 시사점이 상세히 설명되어 있다.

제6단원도 엘리어트 파동이론의 기본 내용과 일부 오류를 지적한 내용이다. 엘리어트 파동이론은 주가운동에 관하여 많은 것을 밝혀냈다. 그러나 그 과정에서 시장이 작동하는 실제 운동 과정에 대해서는 어느 정도 오류와 한계를 드러냈다. 필자는 양자파동이론의 관점에서 엘리어트 파동이론의 오류와 한계를 뛰어넘는 방법론을 제시하였다. 그리고 중국 상해 지수가 2008년 10월 28일 1664.92로 바닥을 형성한 원리와 코스피 지수가 2008년 10월 27일 892.16 바닥을 형성한 원리가 같은 것임을 양자파동이론에 대입하여 설명하였다.

주가운동을 이해하는 방법에는 여러 가지가 있다. 모쪼록 이 책을 읽는 분들께서 이 책을 통하여 주가가 상승하고 하락하는 과정을 이해하게 된다면 필자로서는 더없는 기쁨이 될 것이다.

손태건

Contents

chapter 2
양자(量子)

Step 1
흥분 상태와 바닥 상태··· 상승에너지와 하락에너지

Step 2
캔들의 음양(陰陽)과 양자론(量子論)

Step 3

하락 패턴··· 바닥 패턴

Step 4

상승 패턴··· 천정 패턴

part 1

양자론

(量子論; quantum theory)

타이쿤의 주가양자파동이론

chapter 1

변화(變化)

step 1

변화수열⋯ 2, 10, 12, 22, 34, 56, 90, 146, 236, 382, 618, 1000, 1618

모든 변화는 2로부터 시작한다. 1은 그 안에 5를 포함하고 있으므로 2는 10을 의미한다. 인체의 손 1개에 5개의 손가락이 있으므로 손 2개는 손가락 10개와 대등한 것이다. 2에서 10으로 변화하는 것이 변화수열의 처음이다. 2와 10을 더하면 12가 되고 그 이후는 앞수와 뒷수를 더하여 합산수열로 진행되는 것이다. 10과 12를 더하면 22가 되고 12와 22를 더하면 34가 된다. 34는 피보나치 수열 1, 1, 2, 3, 5, 8, 13, 21, 34, 55, 89, 144에 출현하는 수이기도 하다. 22와 34를 더하여 56을 얻고, 34와 56을 더하면 90이 되고, 56과 90을 더하면 146이 된다. 변화수열은 피보나치 수열과 마찬가지로 우측수가 좌측수 대비 1.618의 비율로 수렴한다. 2부터 시작된 변화수열의 13번째 수 1618은 비율수 1.618에 대응되는 숫자이다.

음양(陰陽)

주가운동은 상승운동과 하락운동으로 구분된다. 주가 차트에서 상승운동은 양봉 캔들로 표시되며 하락운동은 음봉 캔들로 표시된다. 일간 주가 동향은 일봉, 주간 주가 동향은 주봉 그리고 월간 동향과 연간 동향은 월봉과 연봉이라고 한다. 모든 주가 변화는 두 가지 서로 다른 캔들인 음봉과 양봉의 조합으로 형성되는 것이다.

그림 1   음봉

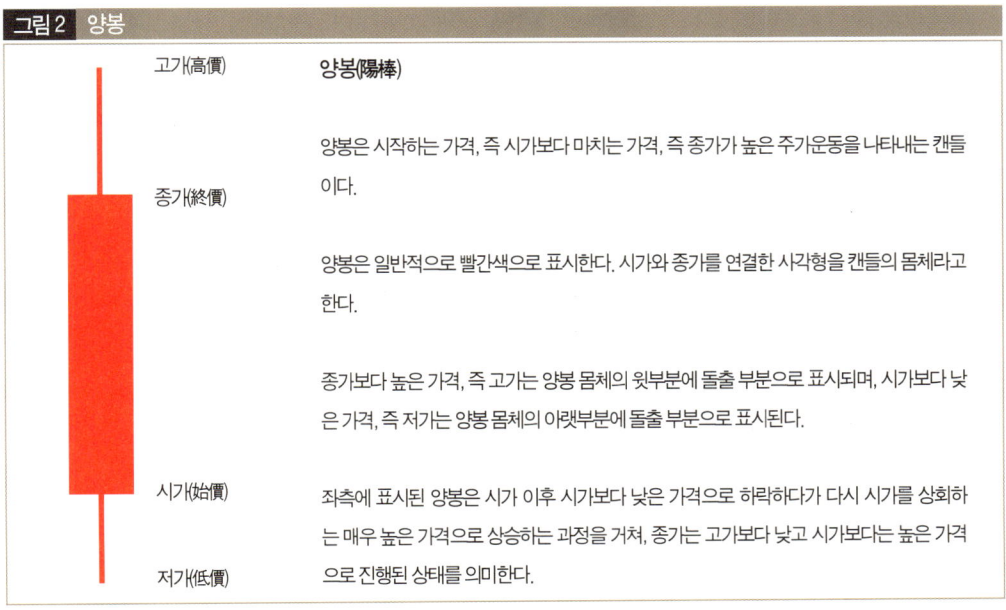

고가(高價)

시가(始價)

종가(終價)

저가(低價)

음봉(陰棒)

음봉은 시작하는 가격, 즉 시가보다 마치는 가격, 즉 종가가 낮은 주가운동을 나타내는 캔들이다.

음봉은 일반적으로 파란색으로 표시한다. 시가와 종가를 연결한 사각형을 캔들의 몸체라고 한다.

시가보다 높은 가격, 즉 고가는 음봉 몸체의 윗부분에 돌출 부분으로 표시되며, 시가보다 낮은 가격, 즉 저가는 음봉 몸체의 아랫부분에 돌출 부분으로 표시된다.

좌측에 표시된 음봉은 시가 이후 시가보다 높은 가격으로 상승하다가 다시 시가를 회회하는 매우 낮은 가격으로 하락하는 과정을 거쳐, 종가는 저가보다 높고 시가보다는 낮은 가격으로 진행된 상태를 의미한다.

그림 2   양봉

고가(高價)

종가(終價)

시가(始價)

저가(低價)

양봉(陽棒)

양봉은 시작하는 가격, 즉 시가보다 마치는 가격, 즉 종가가 높은 주가운동을 나타내는 캔들이다.

양봉은 일반적으로 빨간색으로 표시한다. 시가와 종가를 연결한 사각형을 캔들의 몸체라고 한다.

종가보다 높은 가격, 즉 고가는 양봉 몸체의 윗부분에 돌출 부분으로 표시되며, 시가보다 낮은 가격, 즉 저가는 양봉 몸체의 아랫부분에 돌출 부분으로 표시된다.

좌측에 표시된 양봉은 시가 이후 시가보다 낮은 가격으로 하락하다가 다시 시가를 상회하는 매우 높은 가격으로 상승하는 과정을 거쳐, 종가는 고가보다 낮고 시가보다는 높은 가격으로 진행된 상태를 의미한다.

음봉은 종가가 시가보다 낮으므로 해당 거래에서 매수자 대부분이 손실을 본 상태이며, 반대로 양봉은 종가가 시가보다 높으므로 해당 매수 거래자 대부분이 이익을 본 상태이다. 그러므로 양봉은 매수심리를 나타내고 음봉은 매도심리를 나타낸다. 음봉은 손실 상태를 의미하므로 관찰자로 하여금 공포심리에 의한 매도심리를 느끼게 하며, 양봉은 이익 상태이므로 관찰자는 매수심리를 느끼게 되는 것이 일반적이다.

차트(chart)

기술적 분석은 주가의 위치와 배치 상태를 관찰하여 해당 거래자들의 매수심리와 매도심리를 저울질하고, 매수세력과 매도세력 가운데 어느 쪽이 주도적으로 해당 주가를 움직여 가는지를 파악하는 방법이다. 기술적 분석의 기본 분석 도구는 주가 차트이다.

주가 차트는 평균선 차트와 중심선 차트가 주로 사용되는데, 평균선 차트는 해당 기간 동안의 평균값을 사용한다. 평균선은 해당 기간의 종가를 모두 합한 후 해당 기간으로 나누는 방법을 사용한다. 그러므로 평균선 차트는 종가 차트이다.

이에 반해 중심선 차트는 해당 기간 동안의 최고가와 최저가 두 가지 값만을 합하여 2로 나눈 값이다. 여기서 최고가와 최저가는 종가를 의미하는 것이 아니고 캔들의 아래 위 꼬리로 표시되는 시가(時價), 즉 그때그때 장중 최고가와 최저가를 의미하는 것이다. 따라서 중심선 차트는 시가(時價) 차트이다.

〈그림 3〉은 2008년 10월부터 2009년 7월까지 한국 코스피 지수 일간 타이쿤 차트이다. 위 차트는 중심선 차트로서 변화수열에서 56, 90, 146을 응용하여 필자가 창안한 것이다. 청색선으로 표시된 전환선은 최근 56일간 중심선이다. 중심선은 해당 기간의 최고가와 최저가

를 더하여 2로 나눈 것이므로 해당 기간 동안의 본전값을 나타내는 선이다.

　6월 바닥과 7월 바닥에서 전환선 지지로 바닥을 형성하는 것에서 타이쿤 차트의 효용성이 잘 나타난다. 주가가 안정적으로 상승하기 위해서는 주가 캔들이 상향하는 전환선 위에 위치하는 것이 필요하다. 적색선으로 표시된 기준선은 방향성이 중요하다. 기준선은 추세 방향을 의미하며 최근 91일간 본전선인데, 하락 추세에서 상승 추세로 바뀌기 위해서는 현재가가 최근 91일간 최저가 또는 최고가보다 높아야 한다.

　〈그림 3〉에서 2009년 3월 초부터 기준선이 하향에서 상향으로 방향을 바꾸면서 시장의 추세가 상승으로 반전되는 모습이 관찰된다. 전환선이 기준선 위에 위치하는 것은 상승기류 상태이며 전환선이 기준선 아래에 위치하는 것은 하강기류 상태이다. 2009년 2월 말에 전환선이 기준선 위에 위치하는 상승기류가 형성되고, 3월 중순에 주가 캔들이 전환선 위에

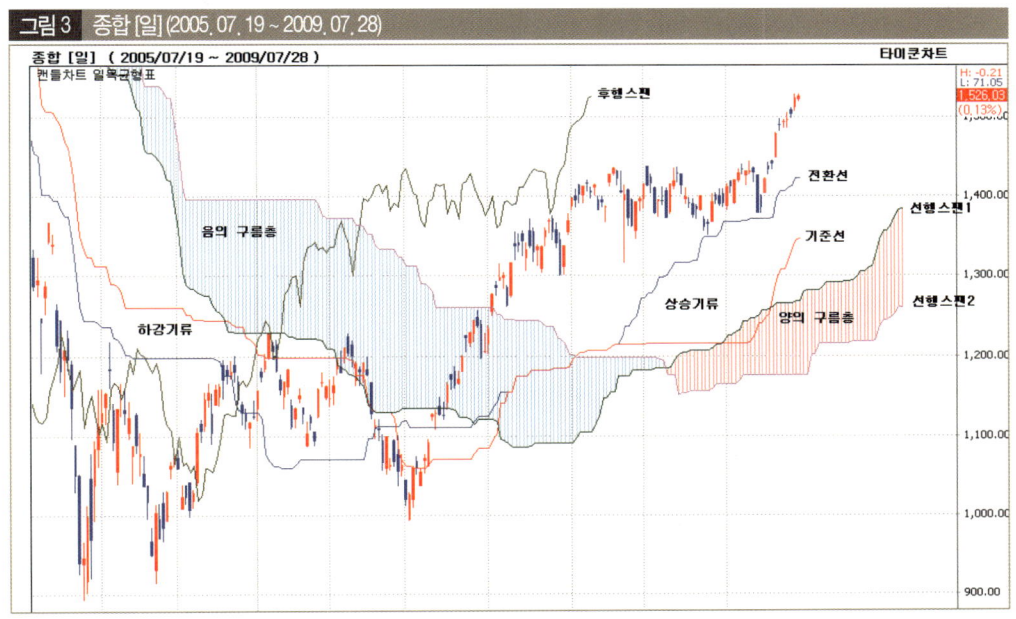

그림 3　종합 [일] (2005.07.19 ~ 2009.07.28)

안착하며 본격 상승 국면에 진입한다.

〈그림 3〉에서 녹색으로 표시된 선은 후행스팬이다. 전환선과 기준선이 현재 시제를 나타내는데 반해 후행스팬은 과거 시제를 나타낸다. 후행스팬은 당일 종가를 당일 포함하여 56일 좌측에 표시하는 것이다. 후행스팬이 과거 캔들보다 위에 있을 때는 현재 상태가 최근 56일간 본전 상태 위에 위치하므로 매수심리가 우세한 상태를 의미한다. 2009년 7월 바닥에 해당하는 후행스팬이 4월 캔들 위에서 근접하자 그 반탄력으로 급상승하는 것이 관찰된다.

선행스팬1은 전환선과 기준선의 중간 위치를 당일 포함 28일 우측에 표시하는 것이다. 그리고 선행스팬2는 최근 146일간 본전값을 당일 포함 28일 우측에 표시하는 것이다. 선행스팬1이 선행스팬2 위에 위치하는 공간은 적색으로 표시하여 양의 구름층 또는 양운이라고 하고, 선행스팬1이 선행스팬2 아래에 위치하는 경우는 청색으로 표시하고 음의 구름층 또는 음운이라고 한다. 2009년 4월 초에 주가 캔들이 음운 상단을 돌파하며 상승 추세로 진입하는 것이 관찰된다.

운동(運動; movement)

손을 펴서 손가락 5개를 연속으로 세어보는 것이 계산의 기본이다. 그러므로 5는 운동 기본수이다. 아날로그 시계의 구조를 살펴보면 시침으로 1칸, 즉 1시간 움직이는 동안에 내부 눈금인 분침 마디 5개를 경과한다. 0에서 1까지 진행하는 동안에 5를 경과하게 되므로 5가 1개의 운동 단위가 되는 것이다. 분침 마디로 5가 6번 진행되어 30분이 되고, 5가 12번 진행되어 60분이 된다.

주가가 하락하거나 상승할 때 연속으로 음봉 또는 양봉이 5개 나타나는 것이 기본 패턴이다. 변화 기본수 2 대비 운동 기본수 5는 2.5배 확장이다. 변화 기본수 2 대비 회전 기본수 3의 비율인 1.5배를 황금비(golden rate)라고 한다면 2.5배는 다이아몬드비(diamond rate)라고 할 만큼 중요한 확장비율이다.

〈그림 4〉는 한국 코스피 지수 2003년 3월 17일 대바닥 부근 주가 움직임을 나타낸 타이쿤 차트이다. A천정에서 B바닥까지 연속 5개 음봉이 형성되고 익일 양봉 바닥이 출현하는 모습이다. 강력한 하락 시세 운동의 기본은 연속 음봉 5개이다. 연속 5개 음봉 바닥에서 전환선 지지로 강력한 급등이 나타나며, 전고점 돌파되며 상승 추세가 진행된다. 상승 추세의 연속 5개 음봉 바닥에서는 두 번째 양봉의 급등이 필요하다.

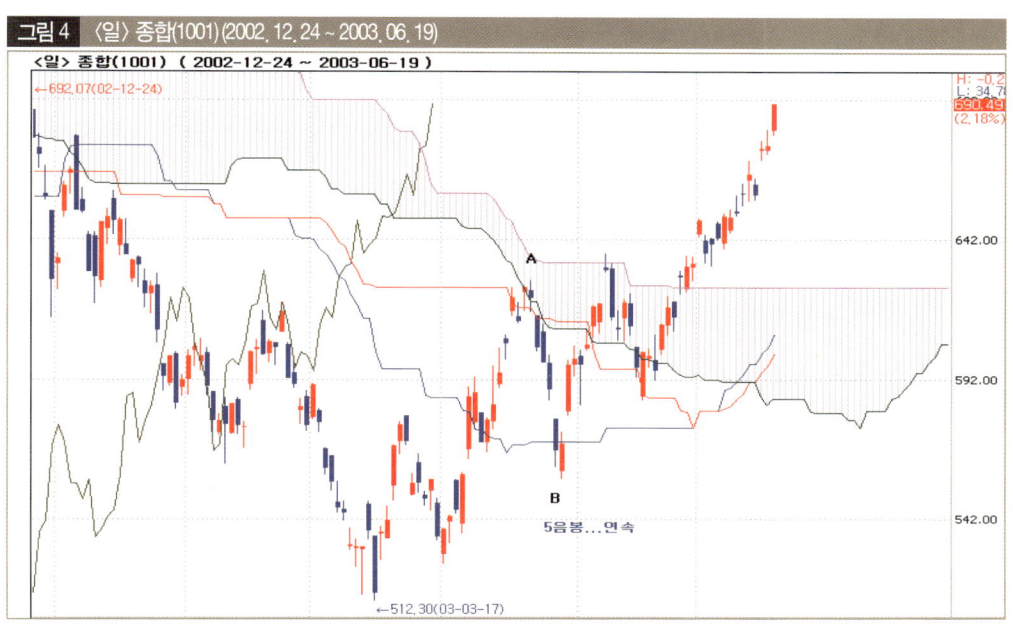

〈그림 5〉에서 A천정에서 B바닥까지 연속 5개의 음봉 익일 시가 하락한 상태에서 종가 양봉으로 바닥이다. 그런데 C천정에서 D바닥까지는 연속 음봉 3개 이후 1양봉으로 음봉 흐름이 단절된 후 다시 연속 2음봉이 되어 C천정에서 D바닥까지 합계 5개의 음봉 익일 시가 하락한 상태에서 종가 양봉 바닥이다. 주가 변화는 대체적으로 직전 변화의 양상이 반복적으로 나타나나 구체적 진행에서는 다른 모습으로 나타나는 경향이다.

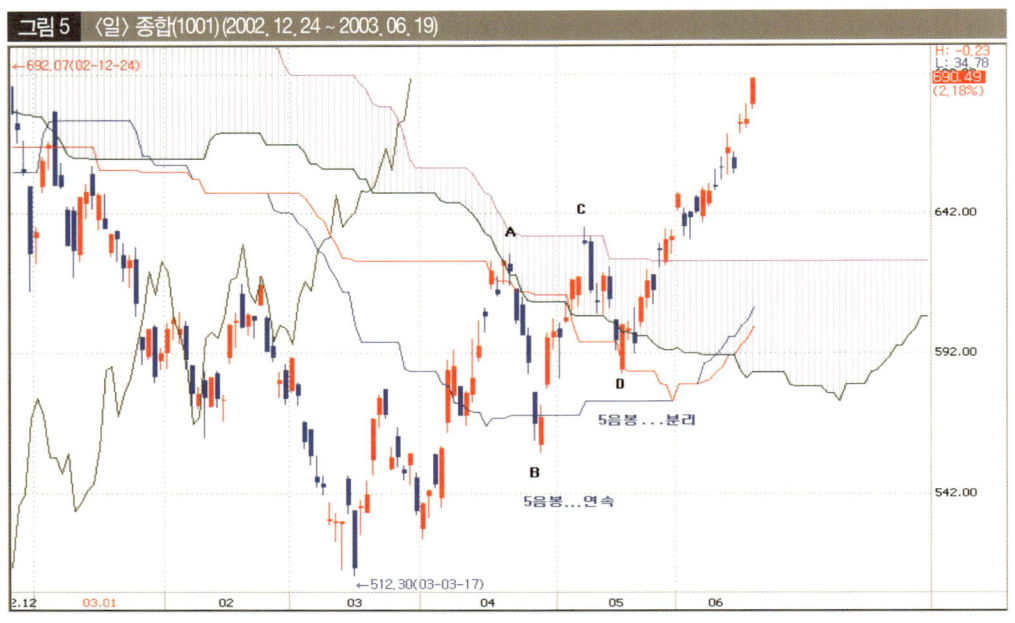

〈그림 6〉은 한국 코스피 일봉 2008년 11월부터 2009년 4월까지 타이쿤 차트이다. 2009년 3월 3일 2연속 양봉 바닥에서 1음봉 조정 후 A바닥에서 B천정까지 연속 5개의 양봉이다. 양봉 2개에서 양봉 5개는 2.5배로서 다이아몬드 비율 확장이다.

주가 강세 국면에서는 1차 상승보다 2차 상승이 강력한 것이 일반적인데, 상승 국면의 진행 과정에서 연속 5개의 양봉이 빈번하게 관측된다. 연속 5개 양봉 후 2개의 음봉 가운데 두 번째 음봉이 약한 모습을 보이자 익일 1개의 대양봉으로 2개의 음봉을 장악하는 모습이다. 연속 2개의 음봉을 1개의 양봉으로 장악하는 것이 상승 국면의 특징이다. A바닥에서는 1음봉 이후 두 번째 양봉으로 1음봉을 장악하고 3양봉으로 연속되자 네 번째 양봉에서 급등이 일어나고 익일 작은 양봉이 추가되어 연속 5개 양봉이다. 상승 진행은 약하게 출발해서 강하게 진행하는 것이 일반적이다.

가속(加速; acceleration)

변화 기본수 2에 운동 기본수 5를 곱하면 가속 기본수 10이 된다. 가속은 2번 운동한 결과로 나타나는 강화된 충격으로 본다는 의미이다. 물리학자 뉴턴의 운동 제1법칙은 관성의 법칙이고, 제2법칙은 가속도 법칙이며, 제3법칙은 작용 반작용 법칙이다. 제2법칙인 가속도 법칙에서 자유낙하하는 물체에 작용하는 중력 가속도는 1초당 9.8m이다. 즉, 1초당 10m씩 가속되므로 10은 가속 기본수가 된다.

〈그림 7〉은 코스피 지수 2003년 3월 17일 바닥 직전 천정인 E천정에서 F바닥까지 마지막 투매 과정에서 나타나는 특징을 설명한 것이다. 결론적으로 E천정에서 F바닥까지 음봉 2개, 1개, 5개, 2개 모두 합해서 음봉 10개로 바닥이 형성되고 있다. 급락 천정에서 음봉 10개까지 하락하여 역사적 급등 바닥을 형성하는 패턴이 매우 빈번하게 관찰된다.

〈그림 8〉은 한국 코스피 지수 2008년 11월 21바닥에서 2009년 3월 3일 바닥까지 진행하는 동안 A천정에서 B바닥까지 급락하는 동안 음봉의 개수가 음봉 2개, 음봉 1개, 음봉 2개, 음봉 2개, 음봉 2개, 음봉 1개, 모두 합해서 음봉 10개가 형성되어 익일 시가 하락시 대기 매수세가 가세하여 양봉으로 바닥이다. 천정에서 급가속하는 가운데 음봉의 개수가 합계 10개 형성될 경우 바닥이 형성된 좋은 사례이다.

〈그림 7〉은 천정 포함 16캔들로 바닥이고, 〈그림 8〉은 천정 포함 17캔들로 바닥이다.

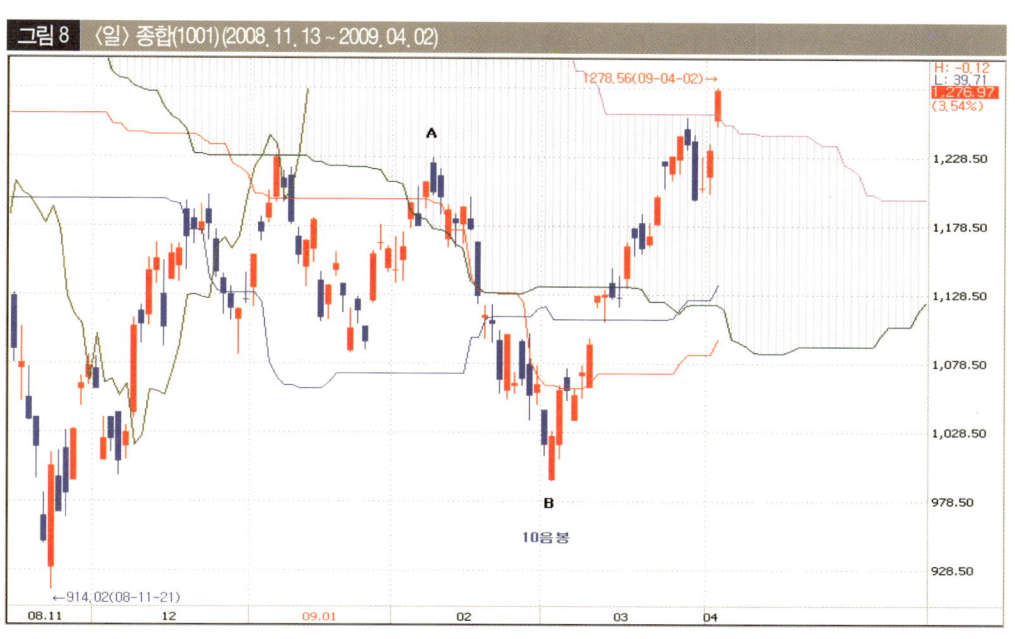

그림 8 〈일〉 종합(1001) (2008. 11. 13 ~ 2009. 04. 02)

〈그림 9〉는 〈그림 8〉과 같은 차트이다. A천정에서 B바닥까지 급가속 하락하는 가운데 음봉 10개가 형성되어 바닥을 형성하는 패턴 직전에 C천정에서 D바닥까지 음봉 3개, 음봉 1개, 음봉 1개로 형성된 합계 음봉 5개 바닥이 선행된 모습이다. 가속 기본수 10은 운동 기본수 5의 두 배인 것이 뚜렷하게 대비되는 모습이다. 뉴턴의 제1법칙은 관성의 법칙이고 제2법칙은 가속도의 법칙인데, 이것이 5와 10으로 구현된 것이다. 관성 운동에 이어 가속이 나타난 것이다. C천정 포함 11캔들로 바닥이고, A천정 포함 17캔들로 바닥이다.

그림 9 〈일〉 종합(1001)(2008. 11. 13 ~ 2009. 04. 02)

〈그림 10〉은 한국 코스피 지수가 2007년 8월 17일 1626.87 바닥에서 나타난 패턴이다. A 천정에서 B바닥까지 급가속 하락하는 과정에서 음봉 2개, 음봉 2개, 음봉 1개, 음봉 2개, 음봉 3개로 모두 합해서 음봉 10개가 형성된 상태에서 익일 시가 급등하여 바닥이 확인되었다. 천정 음봉 10개 익일 시가 하락해서 양봉으로 바닥이 형성되는 패턴과 익일 시가부터 급등하는 바닥의 두 가지 패턴이 존재한다. A천정 포함 B바닥까지 16캔들로 바닥이다. 6캔들 하락하고 6캔들 상승한 11캔들 반등 천정에서 6캔들 급락한 것이다(6+6+6-2=16).

〈그림 11〉은 〈그림 10〉과 같은 차트이다. A천정에서 B바닥까지 급락하는 과정에서 음봉 10개가 형성된 위치가 타이쿤 차트에서 양의 구름층의 지지에 의해 반탄력이 형성되어 급등 바닥이다. A천정에서 B바닥까지 음봉 10개로 형성된 바닥 이전에 C천정에서 D바닥까지 음봉 2개, 음봉 1개, 음봉 2개로 모두 합쳐 음봉 5개 바닥이 선행하는 모습이다. 그리고 E천정에서 F바닥에서도 음봉 5개 바닥이고, G천정에서 H바닥까지도 음봉 5개로 바닥이다. 음봉 10개 바닥 패턴이 음봉 5개 바닥 패턴 2개로 분리된 것으로 나타난 것이다. C천정 포함 7캔들 바닥이고, E천정과 G천정에서는 천정 포함 8캔들 바닥이다.

〈그림 12〉는 2008년 3월 17일 급락 바닥에서 나타난 패턴이다. A천정에서 음봉 4개, 음봉 2개, 음봉 4개로 모두 합계 음봉 10개로 형성된 바닥이다. 〈그림 12〉 바닥에서도 〈그림 10〉 바닥에서 나타난 패턴과 마찬가지로 천정에서 음봉 10개 익일 시가부터 급등 출발하는 패턴이다. A천정 포함 13캔들 바닥이다.

step 2

타이쿤 수열… 2, 2, 4, 6, 10, 16, 26, 42, 68, 110

상승 에너지 강화의 결과… 5와 10

〈그림 13〉은 한국 코스피 지수 2003년 3월 17일 512.30 바닥을 전후한 주가 동향을 기록한 차트이다. 하락 추세가 진행되는 과정에서 추세를 반전시키는 과정은 상승하는 힘의 강화 과정이 수차례 누적되면서 어느 순간 놀라운 도약의 결과를 만들어낸다.

하락 추세가 진행되면서 직전 바닥이 붕괴되면 반등하는 힘이 약화되는 것이 일반적이

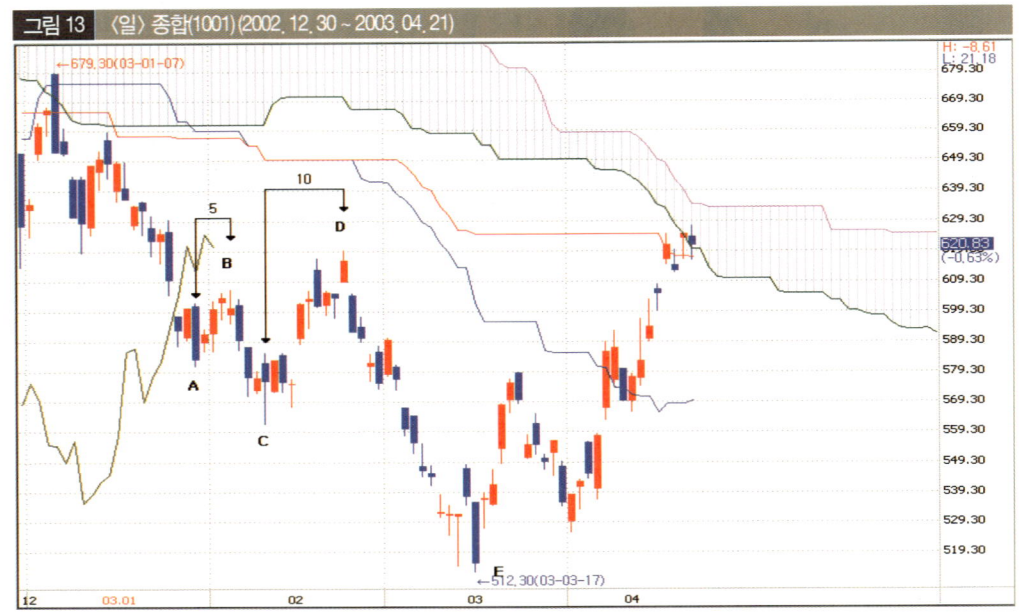

그림 13 〈일〉 종합(1001) (2002.12.30 ~ 2003.04.21)

다. 하지만 주가 하락이 지나치게 진행되어 기본적 가치보다 과도하게 하락하는 국면에 진입하면 직전 바닥이 붕괴된 상태에서 나타나는 반등이 보다 크게 나타나는 현상이 발생한다. 이것이 변화의 단초가 된다.

반등하는 힘이 강화되는 패턴의 기본은 직전 반등보다 확장되는 반등의 출현이다. A바닥에서 B천정까지 반등이 5캔들인데 반해서 A바닥이 붕괴된 C바닥에서 나타난 반등이 D천정까지 10캔들로, A바닥에서 B천정까지 5캔들 반등에 비해서 두 배의 반등이다.

하락 추세 진행 과정에서 직전 바닥이 붕괴된 바닥의 반등이 이전 반등보다 크게 나타나 직전 천정을 돌파해버린 경우, 하락 추세의 진행 과정이므로 이는 단기적으로 과매수 상태로 진입한 것을 의미한다. 그래서 단기 과매수 상태를 해소하는 과정이 필요한데, 이 과정에서 과매수 상태의 반작용으로 단기 과매도 상태로 진입하는 경우가 빈번하다.

상승 에너지 강화의 과정… 5+5=10… 1+1=2… 상하합(上下合) 상승

〈그림 14〉의 A바닥에서 B천정까지 5캔들 반등이 C바닥에서 D천정까지 10캔들 반등으로 진행된 결과는 상승 에너지의 강화이다. 이 결과는 A바닥에서 B천정까지 5캔들 상승과 B천정에서 C바닥까지 5캔들 하락한 것의 결합으로 인한 것이다.

주식을 매수하는 패턴은 두 가지이다. 상승할 때 매수하는 패턴과 하락할 때 매수하는 패턴이 그것이다. 하락 추세 진행 과정에서는 반등 캔들수보다 하락 캔들수가 증가하는 것이 일반적이다. 하락 캔들수가 상승 캔들수보다 증가하지 않은 상태에서 재차 반등이 나타나는 것은 그만큼 주가 하락이 지나치게 진행된 것에 대해 현재의 시공간에서 공감대가 형성된 결과이다.

그런데 A바닥에서 B천정까지 5캔들 상승과 B천정에서 C바닥까지 5캔들 하락을 더한 것

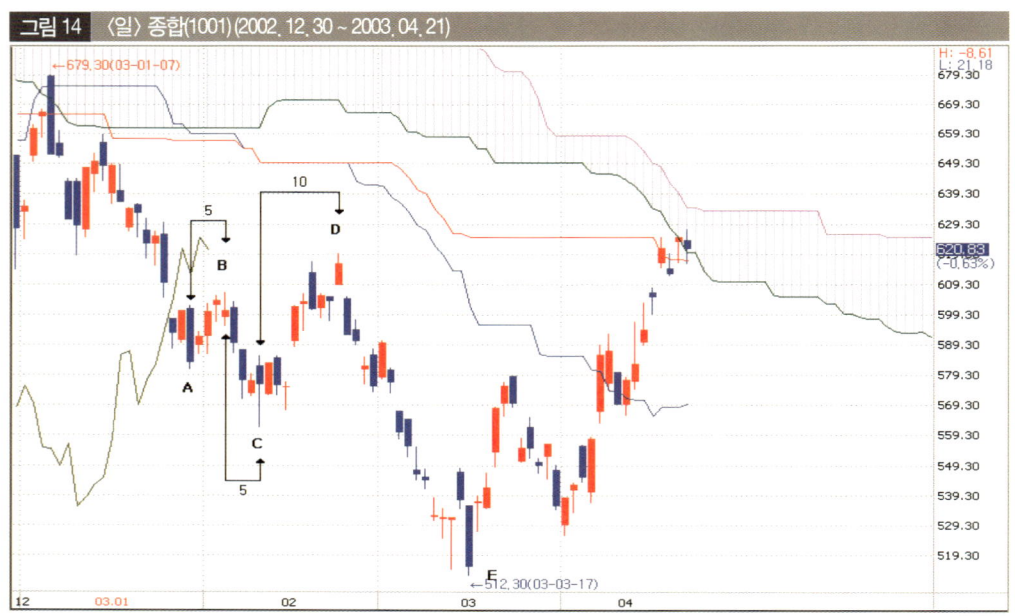

이 10캔들이 되는 것과 C바닥에서 D천정까지 상승이 10캔들로 나타난 것이 무슨 연관성이 있는 것일까?

이 부분을 이해하기 위해 다음과 같은 가정이 필요하다. 주식을 매수할 때 위험을 분산하기 위해 두 차례 나누어서 매수한다고 보는 것이다. 즉, A바닥에서 B천정까지 5캔들 상승할 때 매수한 공격형 매수자들은 자신들의 판단이 혹시 착오로 결론나서 A바닥이 다시 붕괴되는 경우에도 재차 매수할 수 있도록 일차 매수금액의 절반 정도의 여유자금을 보유하고 있는다. 그러다가 C바닥이 비록 전저점 A바닥을 붕괴시킨 상태이나 하락 캔들수가 상승 캔들수보다 확장되지 않은 상태라는 것을 확인하고 A바닥에서 B천정까지 공격적으로 매수한 것과 같은 규모로 재차 C바닥에서 5캔들을 매수하는 것이다.

C바닥에서 D천정까지 10캔들 상승 가운데 5캔들 상승은 설명되나 나머지 5캔들 상승은 어떻게 이해할 것인가? 그것은 B천정에서 C바닥까지 수비형 매수자도 반등수보다 확장되지 않은 상태인 C바닥에서 다시 5캔들 상승이 나타나자 보유 중인 나머지 절반의 금액으로 이번에는 공격적으로 매수한 결과로 보는 것이다. 주가 상승은 심리적 도약의 결과로 나타나는 것이며, 이는 수비형 매수자가 시장이 바닥을 확인한 것으로 보고 공격형 매수자로 전환되는 결과로 보는 것이다.

추가 자금 유입의 유무(有無)… +α(플러스 알파)가 있는가?

〈그림 15〉의 D에서 천정이 형성된 것은 역설적으로 그 당시의 시·공간적 상황에서 시장에 참가한 모든 거래자들이 시장에 대한 낙관적 견해를 가진 것에 기인한다. 시장에 대해 낙관적 견해를 가진 모든 거래자들이 보유한 잔여 현금을 주식을 매수하는 데 투입한 결과 D천정 익일 시가부터는 시장을 떠받칠 새로운 자금이 고갈 상태에 빠진 것이다. 이러한 상태에서는 시장에 조그마한 악재라도 발생할 경우, 모든 사람들이 팔자로 돌변하면서 투매 국면으로 진입하게 되는 것이다. 주식시장에 오래도록 회자되는 격언 '합창하면 거꾸로 간다' 는 역설이 형성되는 과정을 체득해야 한다.

시장에 한 차례 투매가 발생한 결과 E위치에서 재차 바닥이 형성되어 새로운 상승 국면이 시도되고 있다. 그런데 H천정은 D천정이 형성된 논리 구조와 미묘한 차이를 보인다. 차이

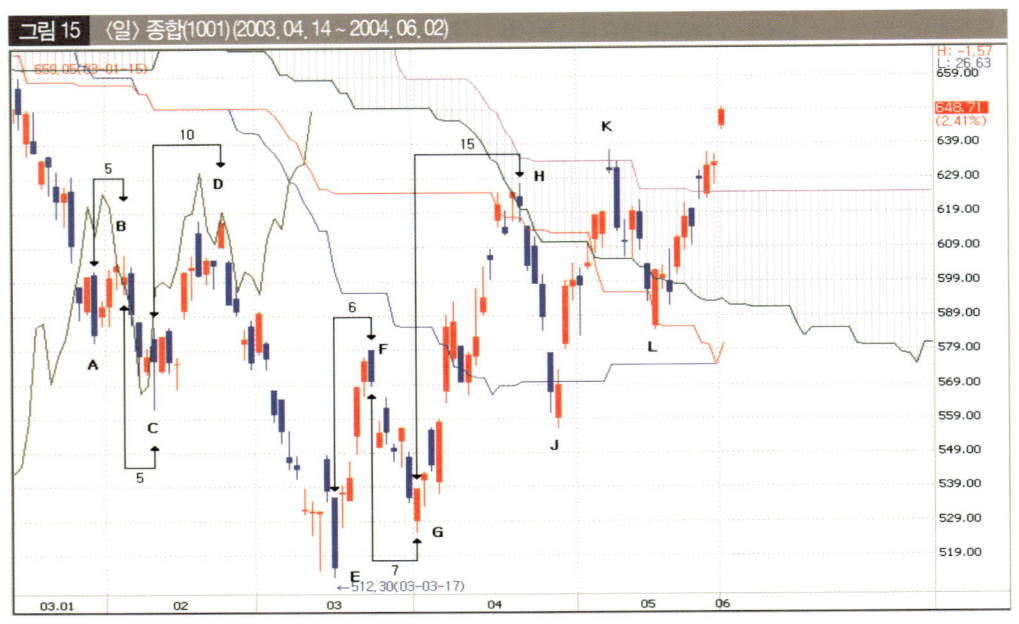

그림15 〈일〉 종합(1001)(2003. 04. 14 ~ 2004. 06. 02)

점은 두 가지이다. 첫째는 G바닥이 상승 캔들수와 유사한 하락 캔들수로 바닥이 형성된 위치인데 직전 바닥이 지지된 상태라는 것이며, 둘째는 H천정이 E바닥에서 F천정까지 상승 캔들수 6개와 F천정에서 G바닥까지 하락 캔들수 7개를 더한 13개보다 2개가 추가된 위치라는 것이다. 요는 플러스 알파가 2개 형성된 것이다.

여기서 핵심 포인트는 추가된 2캔들의 초과 상승이 나타난 것이다. 이것은 시장에 신선한 추가자금이 유입된 증거로 볼 수 있다. 그 결과 플러스 알파가 발생하지 않은 D천정에서는 전저점인 C바닥이 크게 붕괴된 E위치에서 새로운 바닥이 형성된 반면, 플러스 알파가 2개 발생한 H천정에서는 전환선 위치인 J에서 바닥을 형성하는데, 이 위치는 직전 바닥인 G보다 높은 위치이다. 이후 K천정이 H천정보다 높고 L바닥은 J바닥보다 높은 단계적 상승 국면으로 진입하게 된다.

D천정에서 나타나는 것처럼 직전 바닥보다 낮은 바닥에서 신고가가 발생하는 것보다 H천정에서와 같이 직전 바닥보다 높은 위치에서 나타난 신고가가 안정적인 상승에 기여한 것은 분명하다. 하지만 1차 상승과 1차 반락을 더한 것보다 2차 상승이 크게 나타난 것이 보다 핵심적인 요소이다.

플러스 알파가 2캔들 나타난 것이 왜 중요한 요소가 되는가? 시장이 총체적으로 강세관으로 바뀌어 보유한 현금을 모두 주식 매수 자금으로 투입한 상황에서 추가 상승이 나타나지 않는 경우에는 모두 투매할 수밖에 없는 상황이 된다. 하지만 추가 상승이 2캔들 정도 나타나게 되면 이는 시장이 신규 자금 유입에 의한 단기 과매수 상태로 진입한 것을 의미하게 된다. 따라서 가장 바닥인 E위치에서 단기 과매도 상태를 의식하고 매수한 현명한 거래자들이 과매수 상태를 해소하는 단기 매도 후 전저점보다 낮은 위치에서 재매수를 할 수 있는

시 · 공간적 여유를 제공하게 된다. 실제로 J바닥이 형성된 위치는 전저점인 G바닥보다 2캔들 위에 형성된 음봉의 지지에 의해 형성된 것임이 분명하게 관측된다.

투매 바닥의 형성 원리… 하상합(下上合) 하락

〈그림 14〉에서 상승 에너지 강화를 설명한 제목이 '상하합(上下合) 상승'이다. 이는 A천정에서 B바닥까지 5캔들 상승과 B천정에서 C바닥까지 5캔들 하락을 더한 10캔들 상승 위치인 D에서 천정이 형성된 과정을 설명한 것이다.

역으로 D천정에서 E바닥까지 하락하는 과정은 B천정에서 C바닥까지 5캔들 하락과 C바닥에서 D천정까지 10캔들 상승을 더한 15캔들 정도 하락한 위치에서 바닥을 형성하는 것이 자연스럽다. 왜냐하면 총체적 강세관 분위기에서 천정을 형성하는 것의 역은 총체적 약세관 분위기에서 바닥을 형성하는 것이 되기 때문이다.

그런데 〈그림 16〉의 D천정에서 E바닥까지 16캔들 하락은 B천정에서 5캔들 하락과 C바닥에서 D천정까지 10캔들 상승의 합인 15캔들보다 1캔들이 추가 하락한 상태이다. 그러므

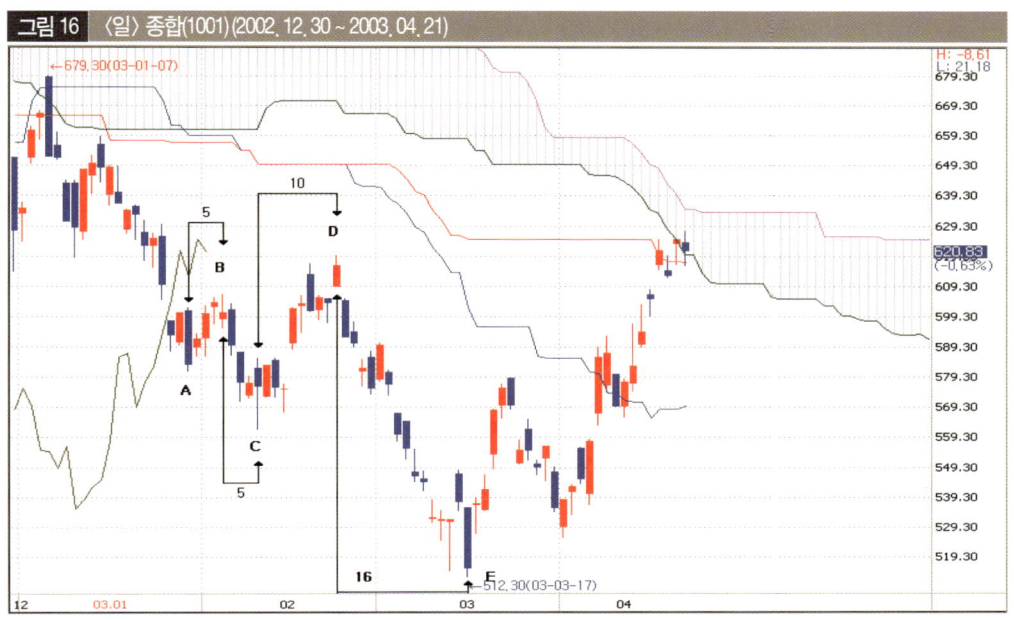

그림 16 〈일〉 종합(1001)(2002.12.30 ~ 2003.04.21)

로 단기 과매도 상태가 된다. 〈그림 15〉에 대한 설명에서 E바닥에서 매수한 사람을 단기 과매도 상태를 인지한 현명한 거래자라고 인정한 이유가 바로 이것이다.

주식시장에서 현명한 거래자가 되기 위해서는 과매수와 과매도를 인지할 수 있는 이론적 바탕과 찰라 간에 발생하는 황금 같은 기회에서 대담하게 진입할 수 있는 용기가 필요하다. 추세를 추종하는 상황에서는 대중과 같은 흐름을 타는 것이 필요하나, 추세가 반전되는 기미가 형성되는 전광석화 같은 순간에는 만인의 의견에 귀를 닫고 대중과 반대로 가는 역발상의 거래를 할 수 있어야 현명한 거래자가 될 수 있다.

대중은 5캔들 하락과 10캔들 상승의 합인 15캔들 하락을 초과하는 하락이 시작된 E위치의 대음봉 상태를 새로운 하락의 시작으로 보고 투매에 가담한 반면, 현명한 거래자는 과매도 상태의 추가적 진행은 시장의 힘에 의해 곧 다시 빠른 속도로 교정된다는 믿음을 가지고 진입하여 E바닥 익일 시가의 급등을 쟁취한다. '쟁취' 라는 단어는 '싸워서 얻는다' 는 의미로서 대중의 지배적 의견과 싸운다는 것을 뜻할 뿐만 아니라 보다 깊은 의미로는 시장의 지배적 의견에 영향을 받아 흔들리기 쉬운 나 자신과 싸운다는 의미도 내포되어 있는 것이다.

복수(複數)의 공격적 매수자가 투매하면 바닥… 상승합(上昇合) 하락

D천정에서 E바닥까지 16캔들 하락한 원인을 분석하는 접근법 가운데 앞의 '하상합 하락'에서 설명한 것은 B천정에서 C바닥까지 5캔들 하락할 때 매수한 사람들과 C바닥에서 D천정까지 10캔들 상승할 때 매수한 사람들이 모두 약세론으로 바뀌어 매도한 결과로 투매 바닥이 형성된 것으로 본 것이다.

이번에 접근하는 방법론은 A바닥에서 B천정까지 5캔들 상승할 때 매수한 공격형 매수자와 C바닥에서 D천정까지 10캔들 상승할 때 매수한 강화된 공격형 매수자가 모두 약세관으로 바뀌어 투매하는 시점이 바닥이 된다고 보는 것이다. 즉, A바닥에서 B천정까지와 C바닥에서 D천정까지 2번의 상승 과정에서 매수한 낙관적 매수자들이 마음을 바꾸어 비관적 매도자로 바뀌어서 바닥이 형성된다는 관점이다. → 하상합(下上合) 하락

1+1=2가 된다는 관점은 같으나 앞의 '하상합 하락'에서는 하락과 상승이 합하여 두 번째 큰 하락이 된다는 접근법이고, '상승합 하락'에서는 작은 상승과 큰 상승의 두 번의 상승이 방향을 바꾸어 보다 큰 하락의 원인으로 작용한다는 관점이다. → 상승합(上昇合) 하락

또 다른 접근 방법… 하락에너지의 분산과 약화

〈그림 17〉은 D바닥이 형성된 논리적 배경에 대한 또 다른 해석을 제공한다. A천정에서 B바닥까지 25캔들 하락한 큰 하락에너지가 B바닥에서 C천정까지 10캔들 반등과 C천정에서 D바닥까지 16캔들 하락으로 배분된 것으로 보는 것이다. 큰 하락으로 형성된 바닥에서 반등을 끝낸 후 진행되는 추가 하락은 큰 하락에서 반등을 뺀 것만큼 진행된 위치에서 바닥을 형성하는 경향이 있다. 이것은 하락에너지가 약화되는 경우의 접근 방법이다. 이것은 하상차(下上差) 하락이다.

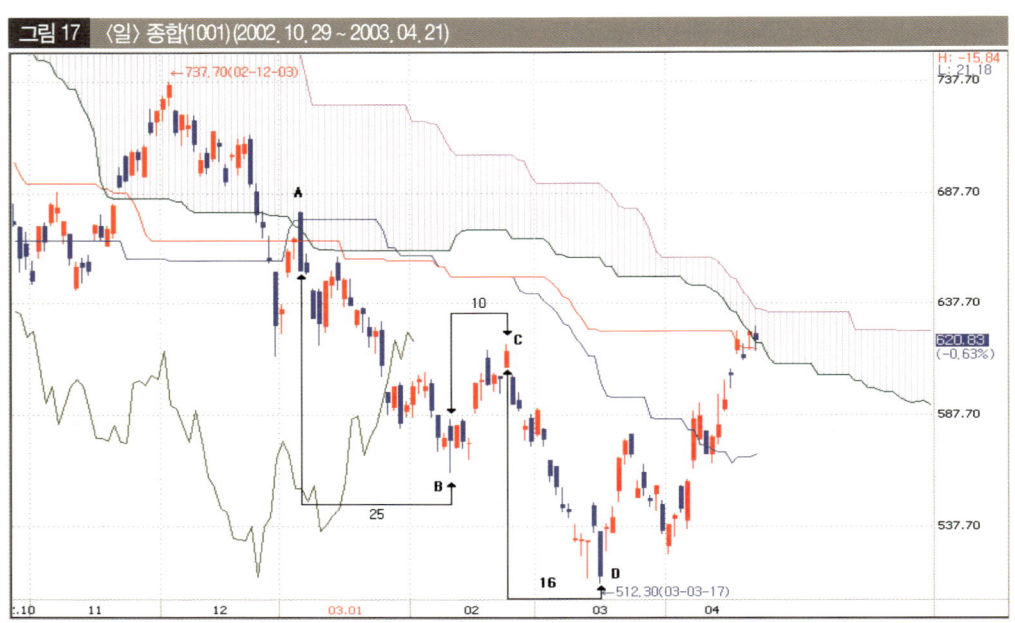

〈그림 17〉에서 A천정에서 B바닥까지 진행된 25캔들 하락이 10캔들 상승과 16캔들 하락으로 배분되면 1캔들 추가 하락한 수적 관계를 느끼게 한다. 그러나 〈그림 18〉에서 보는 바와 같이 B바닥과 C바닥을 연결하면 10캔들 상승과 16캔들 하락에서 1캔들 중복 계산된 부분을 빼고 25캔들로 연결이 된다. 이는 A천정에서 B바닥까지 직선으로 25캔들 하락이 B바닥에서 C바닥까지 곡선으로 굽은 형태로 25캔들 하락으로 진행된 것이다. 주가운동은 진행되는 국면에 따라 곡선운동이 직선운동으로 또는 직선운동이 곡선운동으로 전환되는 과정을 거치게 된다.

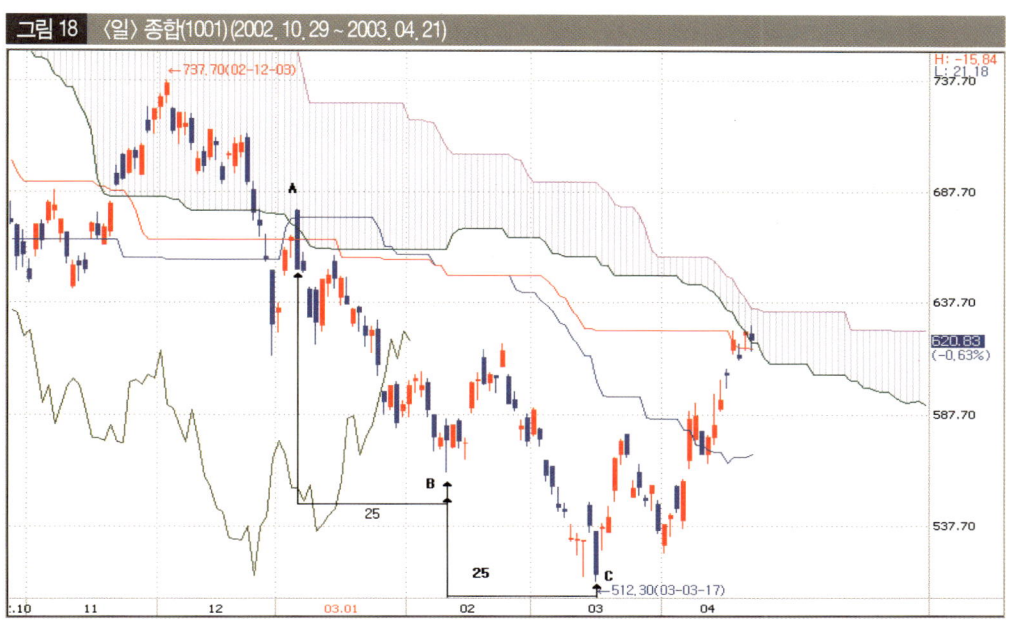

세 단계 하락 과정… 결합 초과와 배분

〈그림 18〉에서 진행된 부분을 좀 더 잘 이해하기 위해서는 주가운동을 좀 더 큰 규모로 구조적인 차원에서 접근할 필요가 있다. 〈그림 19〉는 주가 하락 운동의 3단계 진행에 대해 자세하게 보여준다. 일반적으로 추가 하락은 지지선을 붕괴시키는 1차 급락과 1차 하락보다 큰 규모로 진행되는 2차 하락, 그리고 2차 하락보다 작은 규모로 진행되는 3차 하락의 세 부분으로 구성된다. 이렇게 해서 형성되는 바닥은 확장~축소 바닥이 되는 것이다.

A천정에서 B바닥까지 18캔들 하락은 A천정 직전 바닥에서 16캔들 상승한 최후 상승 바닥을 붕괴시킨 1차 하락이다. 18캔들 하락은 16캔들 상승보다 2캔들 증가한 것이므로 변화 기본수의 적용이다. 그리고 B바닥에서 C천정까지 5캔들 상승은 1차 반등이다. 2차 하락은 1차 상승과 1차 반등을 합한 것만큼 하락하는 것이 곡선운동이 직선운동으로 변환되는 에너

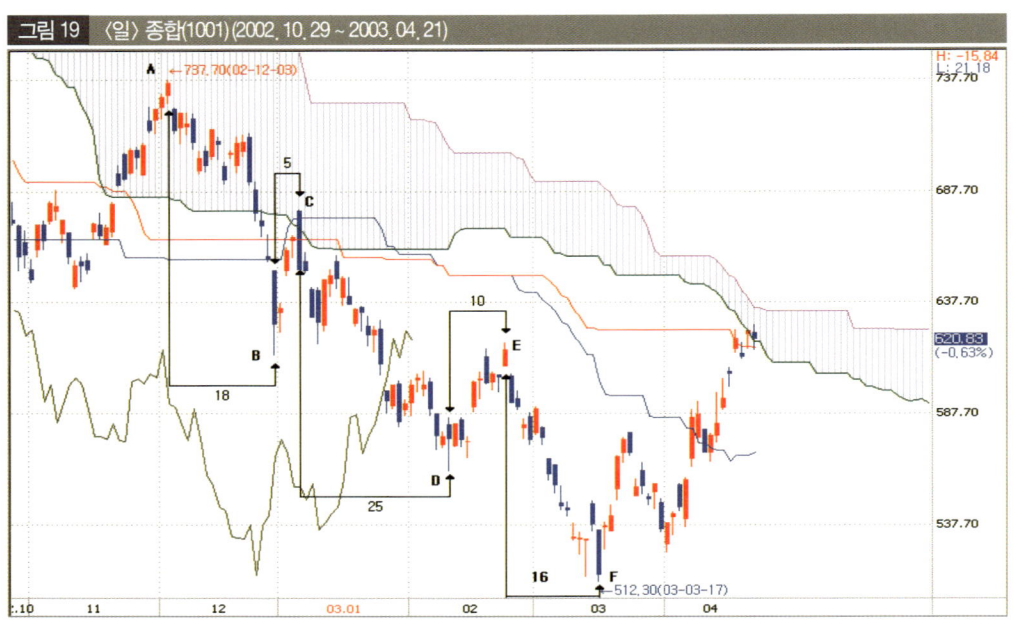

그림 19 〈일〉 종합(1001)(2002. 10. 29 ~ 2003. 04. 21)

지 보존에 적합하다 하겠으나, 실제 주가 하락에서는 2차 하락이 1차 하락과 1차 반등을 합한 것 이상으로 진행되는 경우가 빈번하다. 이는 2차 하락 바닥에서 반등을 거친 후 추가 하락에 대한 공감대가 시장에 팽배할 경우 2차 반등이 발생하기도 전에 2차 반등 후의 3차 하락이 부분적으로 선행하여 진행되는 것이다.

C천정에서 D바닥까지 25캔들 하락은 A천정에서 B바닥까지 18캔들 하락과 B바닥에서 C천정까지 5캔들 상승을 더한 것보다 2캔들 초과 하락이 진행된 것이다. 2차 하락 과정에서 초과 하락이 진행되면 이는 과도한 하락이 시현되는 것이므로 과매도가 시작될 것을 기대한 단기 매수세가 개입하여 D바닥에서 E천정까지 10캔들 상승과 같이 1차 반등보다 상대적으로 큰 규모의 2차 반등이 출현한다.

D바닥에서 E천정까지 진행된 2차 반등이 10캔들로서 B바닥에서 C천정까지 진행된 1차 반등 캔들수 5보다 두 배 정도 확장된 것이다. 3단계 하락 진행 과정에서 주의해야 할 부분은 2차 반등이 1차 반등보다 크게 나타난 후 추가로 진행되는 3차 하락은 매우 격렬하게 진행되는 경향이 있다는 것이다. E천정에서 F바닥까지 3차 하락은 16캔들로서 A천정에서 B바닥까지 18캔들 하락한 1차 하락보다 단축된 것이다. 3차 하락이 1차 하락보다 단축된 상태로 바닥을 형성하는 것이 3단계 하락으로 추세 반전 바닥을 형성하는 가장 이상적인 모델이 된다. 1차 하락이 18캔들로 바닥을 형성한 상태에서 5캔들 반등이 나타난 것에 비해 16캔들로 진행된 3차 하락 바닥에서 나타난 반등은 6캔들로서 1차 반등수 5캔들보다 확장된 형태로 확인된다. 하락이 단축되어 반등이 확장된 패턴이다.

Running Correction(진행 조정)… 주가 운동의 발작적 진행

하락 추세가 진행되는 과정의 일반적인 패턴은 바닥과 천정이 계단식으로 하향하는 것이다. 그런데 바닥이 붕괴된 상태에서 나타난 반등이 직전 천정을 돌파하고, 이후 재차 하락하는 과정에서 직전 바닥이 다시 붕괴되는 등 불규칙적으로 움직이는 경우가 발생한다. 이것은 기존의 추세를 반전시키려는 시장 움직임과 그 같은 움직임에 반하는 운동이 매우 격렬하게 진행되는 신호로 인식된다.

A천정에서 B바닥까지 17캔들 하락한 상태에서 B바닥을 기준으로 17캔들 정도 반등이 진행되는 동안 B바닥이 지지되는 것이 이상적이나, 실제로는 C, D, E 경로를 밟아 18캔들 반등이 진행되는 동안 D바닥이 B바닥을 붕괴시킨 모습이 관찰된다. 그리고 B바닥보다 낮은 D바닥에서 나타나는 반등은 C천정보다 낮은 것이 정상일 것이나, E천정이 C천정을 돌파한

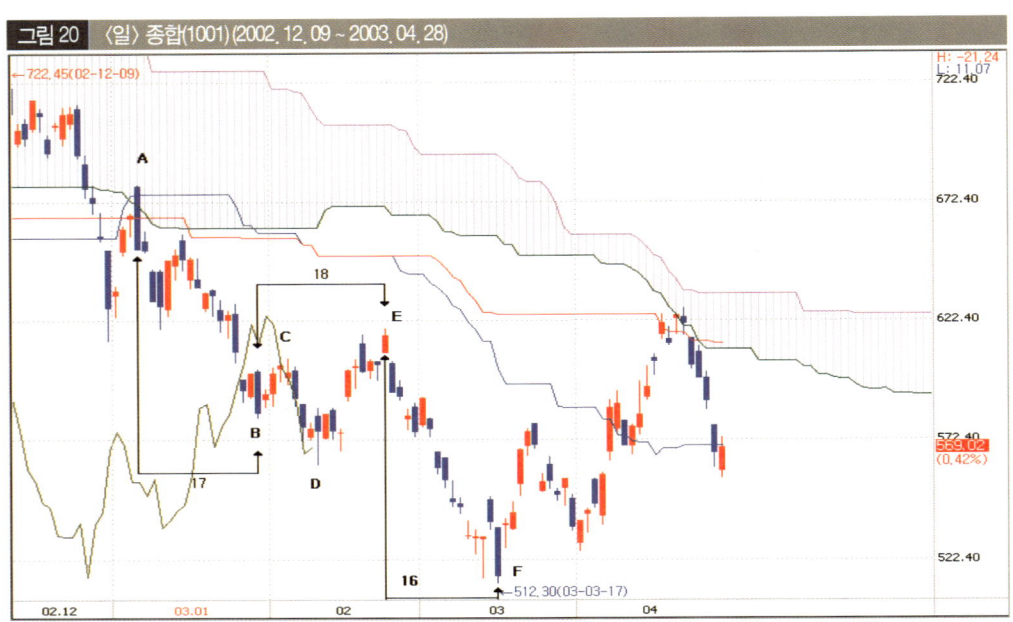

상태에서 천정이 형성된다. 이는 반등이 진행되는 동안 매도세의 공격을 받아 바닥이 다시 붕괴된 상태에서 바닥이 붕괴된 것을 만회하기 위해 매수세가 힘을 집중하여 직전 고점을 돌파시켜 버린 결과이다.

B바닥을 기준으로 18캔들 반등이 진행되는 동안 D위치가 B바닥을 붕괴시킨 상태이므로 E위치가 C천정을 돌파시켜야만 E천정을 기준으로 16캔들 하락한 상태에서 매수세가 형성된다. 17캔들에서 18캔들로 1캔들 증가이므로 17캔들에서 1캔들 축소된 16캔들 하락한 상태에서 바닥이 형성된 것으로 이해할 수 있다. F바닥에서 연속 4개의 양봉으로 바닥이 확인되고 있다.

D바닥에서 1양봉과 3양봉의 차이는 2양봉인데, 2양봉이 1양봉과 1양봉의 분리된 형태로 나타나 상승차(上昇差) 상승의 천정 패턴을 완성하여 이후 급락이다. F바닥 이후 연속 4양봉은 직전 두 군데 상승 마디의 1양봉과 3양봉을 더한 것이므로 상승합(上昇合) 상승이다.

F바닥을 형성하는 2음봉은 1양봉과 3양봉의 차이에 해당하므로 상승차(上昇差) 하락이다. 상승차 하락과 상승합 상승은 논리적으로 연관된 운동이다.

타이쿤 수열… 6과 10 그리고 16… 시간론적 적용

하락 추세에서는 반등 캔들수보다 반등 천정에서 나타나는 하락 캔들수가 더 길게 나타나는 것이 합리적이다. 그러면 반등 천정에서 나타나는 하락은 반등 캔들수 대비 어느 정도 확장되는 것이 적절할까? 그에 대한 하나의 답으로 제시되는 것이 〈그림 21〉이다.

B천정에서 C바닥까지 16캔들 하락은 A바닥에서 B천정까지 10캔들 반등 대비 1.6배이다. 1.6배 확장은 피보나치 수열에 나타나는 황금비율이다. 황금비율은 0, 1, 1, 2, 3, 5, 8, 13, 21, 34, 55, 89, 144로 진행되는 피보나치 수열에서 우측으로 확장되는 비율이다. 우측수는 좌측 수 대비 1.61803398로 수렴한다.

타이쿤 수열은 피보나치 수열의 두 배를 적용한 것으로서 0, 2, 2, 4, 6, 10, 16, 26, 42, 68, 110, 178, 288로 진행하는데, 이 과정에서 황금비율 1.61803398을 숫자로 나타내는 16이 등장

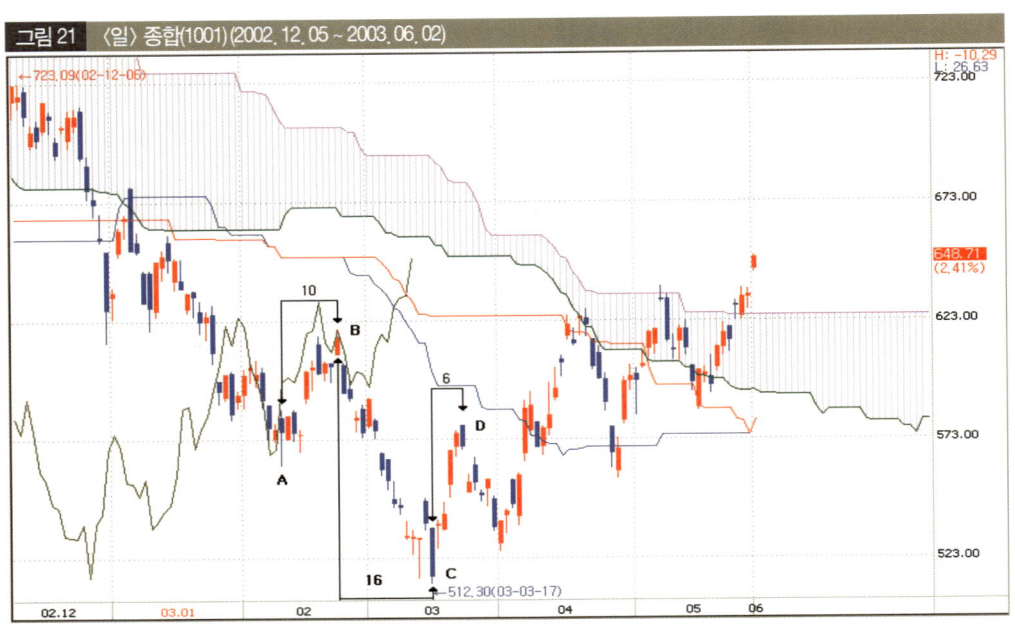

그림21 〈일〉 종합(1001)(2002. 12. 05 ~ 2003. 06. 02)

한다. 16은 1.6의 10배로서 〈그림 21〉과 같이 상승 캔들수가 10캔들일 경우 1.61803398배로 확장하면 그대로 16이 되는 것이다.

그런데 〈그림 21〉의 C바닥에서 D천정까지 형성된 반등은 왜 하필 6캔들 반등일까? 그것은 B천정에서 C바닥까지 16캔들 하락한 것이 A바닥에서 B천정까지 10캔들 상승한 것보다 6캔들 추가 하락한 것이므로 과도한 하락에 대한 반박용으로 16캔들에서 10캔들을 뺀 6캔들만큼 상승한 것으로 이해할 수 있다. 이 같은 과정은 타이쿤 수열 6, 10, 16의 실전적 적용이다.

타이쿤 수열은 확장비율이 그대로 숫자화된 것이므로 반등수 대비 1.6배와 2.6배 그리고 4.2배와 6.8배로 확장되는 위치에서 새로운 바닥이 형성될 가능성을 제시하는 것이다. 그리고 타이쿤 수열은 비율이 숫자화된 것이므로 타이쿤 수열 그 자체가 천정에서 바닥이 형성될 하락 캔들 진행수의 역할도 동시에 하게 된다.

타이쿤 수열… 6과 10 그리고 16… 음양론적 적용

〈그림 22〉는 타이쿤 수열이 하락 과정의 음봉 숫자와 양봉 숫자의 구성 조합으로 작용하는 것을 제시한 것이다. A천정에서 B바닥까지 16캔들 하락하는 과정에서 음봉수는 10개이고 양봉수는 6개이다. 이는 음봉수가 양봉수 대비 1.6배(10/6=약 1.6) 확장 상태임을 나타낸다. 하락 과정에서는 음봉의 작용으로 주가가 하락하므로 음봉수가 양봉수보다 많은 것이 자연스러운 것이다. 그리고 그 비율이 1.6배로 확장되는 것이 자연의 기본 모델이다. B바닥에서 6캔들 상승한 것은 A천정에서 B바닥까지 16캔들 하락하는 과정에서 형성된 양봉의 숫자만큼 반등 캔들수가 형성된 것으로 이해할 수 있다.

이 현상을 용어화하면 천양지천(天陽地天)이 된다. 천정에서부터 바닥까지 하락 과정에서 형성된 양봉수가 바닥에서 다음 천정까지 최소 필요 반등 캔들수가 된다는 의미이다. 하락

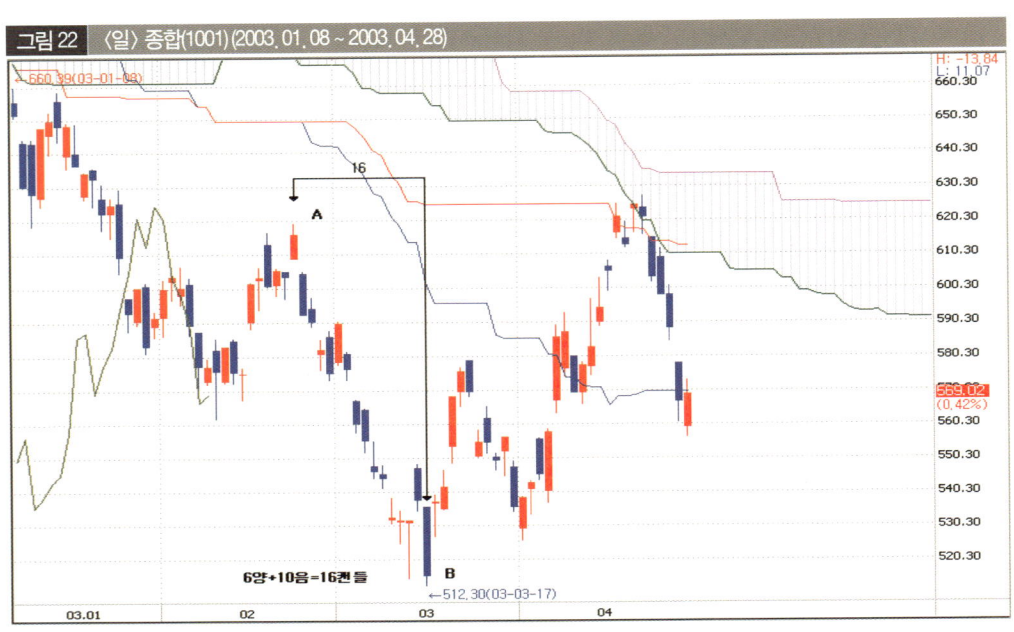

과정에서는 음(陰)이 작용이 되고 양(陽)이 반작용이 되고, 상승 과정에서는 그 반대가 된다. 방향이 바뀌면 음양의 역할이 바뀌게 되는 것이다.

2월 초 바닥에서 A천정까지 10캔들 상승한 천정을 기준으로 B바닥까지 16캔들 하락한 과정에서 음봉이 10개 형성된 것을 음양론적으로 용어화하면 지천천음(地天天陰)이다. 바닥에서 천정까지 상승 캔들수가 천정에서 다음 바닥까지 하락 과정에서 음봉수로 변한 것이다. 10캔들 반등이 10개의 음봉으로 나타나고, 하락 과정에서 반등 중간 중간 나타나는 양봉 6개를 포함하면 A천정에서 B바닥까지 하락 캔들수가 16개가 되어 10개에 대한 0.618배인 6개를 더하여 10개의 1.618배인 16캔들 하락이 되는 것이다.

2월 초 바닥에서 A천정까지 10캔들 상승 과정에서 양봉수는 6개이고 음봉수는 4개이다. 음봉수 4개 대비 양봉수 6개는 1.6배이다. 이 같은 양봉과 음봉 구성 비율은 A천정에서 B바닥까지 16캔들 하락 과정에서 양봉수 6개 대비 음봉수 10개 비율과 같은 것이다. 상승할 때는 상승 캔들수 전체에서 양봉수가 음봉수 대비 1.6배로 구성되고, 하락할 때는 하락 캔들수 전체에서 음봉수가 양봉수 대비 1.6배로 구성되는 것이다. 진행 방향과 부합하는 캔들 색에 해당하는 운동이 1.6배로 확장하는 경향이 주가운동에 빈번하게 나타나는 경향이다. 타이쿤 수열 4, 6, 10, 16의 실전적 적용이다.

최소 필요 반등 캔들수의 계산

〈그림 23〉은 한국 코스피 지수 2008년 10월 폭락의 시작점인 9월 25일 천정을 형성한 원리를 차트로 해석한 것이다. A천정에서 B바닥까지 8캔들 하락하는 동안 양봉수가 6개이다. 그러므로 B바닥에서 C천정까지 최소 반등 필요 캔들수가 충족된 위치에서 시장을 주의 깊게 관찰해야 하는 자리가 된다. 하락하는 과정에서 양봉수가 많이 형성되는 이후 반등을 내다보는 저가 매수세의 형성을 뜻하기도 하나, 이후 반등이 제한적일 경우 급격한 하락의 빌미가 되는 경우가 있으므로 주의해야 한다.

〈그림 24〉는 〈그림 23〉에 이어 천정에서 바닥까지 하락하는 동안에 형성된 양봉수만큼 상승한 위치가 시장 방향성의 분기점이 될 가능성을 제시하는 그림이다. 다르게 표현하면 하락하는 과정에서 형성된 양봉수만큼 바닥에서 상승할 때까지는 시장의 상승 진행을 지켜볼 필요가 있다는 것이다. D천정에서 E바닥까지 13캔들 하락하는 동안 형성된 양봉수가 6개이므로 E바닥에서 6캔들 상승한 위치인 F가 천정으로 작용하여 조정이 나타난 모습이다.

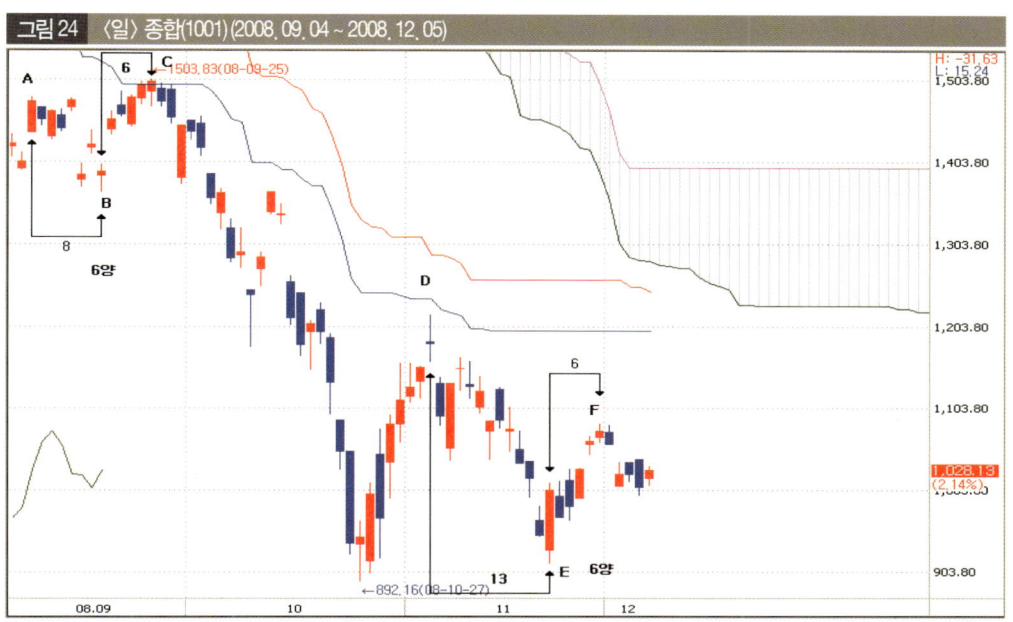

주가운동의 작용과 반작용

상승합(上昇合) 하락

물리학자 뉴턴의 첫 번째 법칙은 관성의 법칙이고, 두 번째 법칙은 반작용의 법칙이다. 반작용의 법칙은 관성이 진행되는 방향과 반대 방향으로 힘이 작용하는 것이다. 예를 들면 〈그림 25〉의 C바닥에서 D천정까지 6캔들 상승한 상태에서는 반대 방향, 즉 하락하는 방향으로 같은 크기인 6캔들만큼 하락하는 것이 합리적이다. 그런데 하락 추세에서는 상승 캔들수보다 하락 캔들수가 확장되는 것이 일반적인데, 이 경우 확장되는 하락 캔들수를 어떻게 추정하는가 하는 것이 문제이다.

물론 C바닥에서 D천정까지 6캔들 상승 대비 E바닥까지 11캔들 하락은 1.8배(11/6=1.83) 확장으로서 황금비인 1.6배와 유사한 것으로 간주되나, 새로운 접근법이 필요하다. 이 경우

그림25 〈일〉 종합(1001) (2008.08.20 ~ 2009.01.07)

C바닥 이전 바닥인 A바닥에서 B천정까지 5캔들 상승과 C바닥에서 D천정까지 6캔들 상승을 더한 캔들수가 11이다. 따라서 2번에 걸쳐 진행된 공격적 매수자의 손절매가 진행된 위치인 E에서 반등 바닥이 형성되는 것으로 보는 것이 반작용 합에 의한 바닥 형성 원리이다. 반작용 합이라는 것은 2번의 상승 캔들수를 합한 것만큼 방향을 바꾸어 하락한 상태에서 바닥을 형성하는 것이므로 상승 합 하락으로 바닥을 형성한 것이라는 의미이다.

〈그림 26〉은 〈그림 25〉에 이어 한국 코스피 지수 2008년 10월 27일 892.16에서 역사적 바닥인 E바닥을 형성한 원리를 제시한 것이다. A바닥에서 B천정까지 6캔들 상승과 C바닥에서 D천정까지 3캔들 상승을 합하면 9캔들인데, 이것이 D천정에서 E바닥까지 10캔들 하락한 것에 대한 논리적 근거가 될 수 있다는 것이다. 주식 시세는 이미 발생한 것이므로 항상 옳은 것이다. 그 배경에 대한 이론적 설명은 재현 가능한 논리적 과정을 제시하는 데 있는

것이다. 〈그림 25〉에 이어 〈그림 26〉을 제시하는 것은 재현 가능성이라는 것에 초점을 맞추어 시간적으로 가까운 거리에서 반복적으로 나타나는 현상을 하나의 논리적 틀로서 설명하기 위함이다.

D천정에서 E바닥까지 10캔들 하락은 A바닥에서 B천정까지 6캔들 상승과 C바닥에서 D천정까지 3캔들 상승의 합인 9캔들보다 1캔들 많다. 하지만 E바닥은 양봉 아래 꼬리 바닥을 의미하고 종가 바닥은 D천정에서 9일째가 바닥이다. 따라서 종가 지수로 수익률을 계산하는 펀드에 투자하는 투자자 입장에서는 종가 바닥이 장중 바닥보다 더 의미가 있으므로 D천정 포함 9일째, 즉 E바닥 하루 전일에 바닥을 형성하리라고 보고 매수하는 것이 더 의미 있는 것이 될 것이다.

〈그림 27〉은 〈그림 25〉와 〈그림 26〉에 이어 상승합 하락으로 바닥을 형성하는 세 번째

그림 27 〈일〉 종합(1001)(2008.08.20 ~ 2009.01.07)

사례이다. A바닥에서 B천정까지 6캔들 상승과 C바닥에서 D천정까지 8캔들 상승을 합하면 14캔들이 되는데, 이러한 사실로부터 D천정에서 E바닥까지 13캔들 하락으로 바닥을 형성한 것에 대한 추정이 가능하다는 점에 착안한 것이다. 〈그림 25〉는 상승합 하락이 정확하게 일치하는 위치에서 바닥이고, 〈그림 26〉은 상승합 하락보다 실제 바닥이 1캔들 추가 하락한 위치에서 바닥인 반면, 〈그림 27〉에서는 상승합 하락보다 1캔들 축소된 위치에서 실제 바닥이 출현하고 있다. 1캔들 정도 확장 또는 축소되는 것은 실전에서 적용 가능한 오차 범위이다.

하락차(下落差) 상승

〈그림 28〉에서 제시하는 것은 E위치에서 반등 천정이 형성되는 원리이다. 〈그림 25〉부터

그림 28 〈일〉 종합(1001)(2008.08.20 ~ 2009.01.07)

〈그림 27〉까지 3번에 걸쳐 바닥이 형성되는 원리를 밝혔으므로 급락 과정의 천정을 형성하는 원리도 같이 익혀두어야만 상승과 하락 양쪽의 어느 경우에도 적용 가능한 방법론을 익히는 것이 된다. 하락차 상승이라는 것은 첫 번째 하락보다 두 번째 하락이 확장될 경우 그 차이만큼 반등하는 위치에서 천정이 형성될 개연성에 착안하는 것이다.

〈그림 28〉에서 주목한 것은 A천정에서 B바닥까지 하락한 캔들수가 8개인데 반해 C천정에서 D바닥까지 하락한 캔들수는 11개로서 3캔들 확장된 것이다. 이전 하락에 비해 하락이 확장된 것은 반등 후 추가 하락에 대한 시장 내부의 공감대가 그만큼 두텁게 형성된 것을 의미한다. 그러나 단기적으로 3캔들 과다 하락한 상태가 되므로 과다 하락한 정도만큼 D바닥에서 E천정까지 3캔들 반등하여 과매도 상태를 해소시킨 후 시장의 공감대가 의미하는 추가 하락으로 진행되는 것이 절차적 필연성을 실현시켜나가는 합리적 상황 전개가 될 것이다.

하락차 상승과 상승합 하락… 연결 패턴

〈그림 29〉는 〈그림 25〉의 상승합 하락과 〈그림 28〉의 하락차 상승 그리고 〈그림 26〉의 상승합 하락을 하나의 차트에 모두 제시한 것이다. 다소 복잡하지만 세 가지 변화의 연결을 한눈에 볼 수 있다. 먼저 A바닥에서 B천정까지 5캔들 상승과 C바닥에서 D천정까지 6캔들 상승시 매수한 거래자들이 모두 손절매한 위치가 E바닥이다. D천정에서 E바닥까지 11캔들 하락은 5캔들 상승과 6캔들 상승의 합이기 때문이다.

그리고 E바닥에서 F천정까지 반등은 3캔들로 나타나는데 이는 D천정에서 E바닥까지 11캔들 하락이 B천정에서 C바닥까지 8캔들 하락 대비 3캔들 확장이므로 초과 매도분을 상쇄하기 위한 반등이다. 다음으로 C바닥에서 D천정까지 6캔들 상승과 E바닥에서 F천정까지 3

그림 29 〈일〉 종합(1001) (2008.08.20 ~ 2009.01.07)

캔들 상승시 매수 거래자가 손절매하기 위해서는 9캔들 하락이 필요한데 F천정에서 G바닥까지 10캔들 하락은 이에 대응하는 것이다. F천정에서 G바닥까지 10캔들 하락으로 바닥이나 종가 바닥은 F천정에서 9캔들 위치가 바닥이므로 6캔들 상승과 3캔들 상승의 반작용으로 바닥을 형성하는 이론에 대한 훌륭한 사례가 된다.

상승합(上昇合) 상승

2번의 상승을 합한 에너지는 하락과 상승의 두 방향으로 모두 영향력을 미친다. 먼저는 하락 쪽으로 영향을 미치고 다음은 상승 쪽이다. 〈그림 30〉에서 A바닥에서 B천정까지 6캔들 상승과 C바닥에서 D천정까지 3캔들 상승을 합한 에너지가 D천정에서 E바닥까지 10캔들 하락으로 나타난 것을 이미 보았다. 10캔들 하락은 두 차례 상승의 합인 9캔들 대비 1캔들 초과이다. 그런데 6캔들 상승과 3캔들 상승을 합한 9캔들의 힘이 이번에는 E바닥에서 F 천정까지 8캔들 상승의 원인으로 작용한다. 이번에는 두 차례 상승의 합인 9캔들보다 1캔들 미달이다. 이같이 상승 쪽으로 1캔들 미달이 나타난 것은 하락 쪽으로 1캔들 초과가 그 원인으로, 이번에는 상승 쪽으로 1캔들 미달로 나타나야 상하 균형이 된다.

피보나치 수열… 8, 13, 21… 시간론적 적용

피보나치 수열 0, 1, 1, 2, 3, 5, 8, 13, 21, 34, 55, 89, 144는 자연의 확장 비율과 축소 비율의 숨은 법칙을 숫자로 나타낸 것이다. 피보나치 수열 가운데 가장 빈번하고 또 중요하게 사용되는 조합은 8, 13, 21 조합이다. 8캔들과 13캔들을 합해서 21캔들이 된다는 의미와 더불어 21캔들의 작용이 8캔들과 13캔들 작용으로 배분된다는 의미의 두 가지를 모두 숙지할 필요가 있다. 〈그림 31〉에서는 A천정에서 B바닥까지 22캔들 하락 작용이 B바닥에서 C천정까지 8캔들 상승과 C천정에서 D바닥까지 13캔들 하락으로 배분된 모습이다.

배분이란 22개의 큰 하락에너지가 상승과 하락의 두 가지 작은 운동으로 분리되는 것을 의미하는데, 이 경우 하락하는 에너지가 약화되는 신호는 처음의 22개라는 큰 힘보다 분리되는 상하운동의 합이 더 작게 나타나는 것이다. 실제로 8캔들 상승과 13캔들 하락을 합하

면 21캔들인데 이는 최초 하락 운동인 22캔들 대비 1캔들 미달이다. 피보나치 수열에 나타나는 숫자는 21이나 실제로 숫자 22도 출현 빈도가 매우 높은 편이다.

A천정에서 B바닥까지 22캔들 하락은 A천정 직전 바닥에서 A천정까지 6캔들 상승 대비 3.6배 하락이다. 3.6배 하락은 1.6배 하락과 2.6배 하락에 이어 매우 빈번하게 나타나는 하락 확장 비율이다. 3.6배 하락은 2.6배 하락에 1배 하락이 되먹임된 것이다. 이는 2.6배 하락이 1.6배 하락에 1배 되먹임된 것과 같은 것이다.

6의 3.6배인 22캔들 하락한 B바닥에서 형성된 반등 천정 C의 위치는 6의 2.6배 하락인 16캔들 하락 위치의 저항에 의한 것이다.

피보나치 수열… 8, 13, 21… 음양론적 적용

타이쿤 수열 6, 10, 16에서도 시간론적 해석과 음양론적 해석이 모두 사용되었는데, 마찬가지로 피보나치 수열에서도 시간론적 해석에 이어 음양론적 해석이 가능하다. 〈그림 32〉의 A천정에서 B바닥까지 22캔들 하락은 피보나치 수열 21에 준하는 숫자이다. 음양론의 관점에서 A천정에서 B바닥까지 22캔들 하락하는 과정을 살펴보면 음봉의 개수가 13개이고 양봉의 개수가 9개이다. 8, 13, 21의 피보나치 수열에서 8이 9로 대치되었다고 보면 A천정에서 B바닥까지 하락하는 과정의 내부 에너지 구성이 피보나치 수열로 구성되어 음봉이 전체 캔들수에서 60%의 비중을 차지하고 양봉은 40%의 비중을 차지한다. 황금비율은 두 가지인데, 1.618은 확장 황금비이고 0.618은 축소 황금비이다. 60%는 0.618에 해당하고 40%는 1에서 0.618을 뺀 0.382에 해당한다.

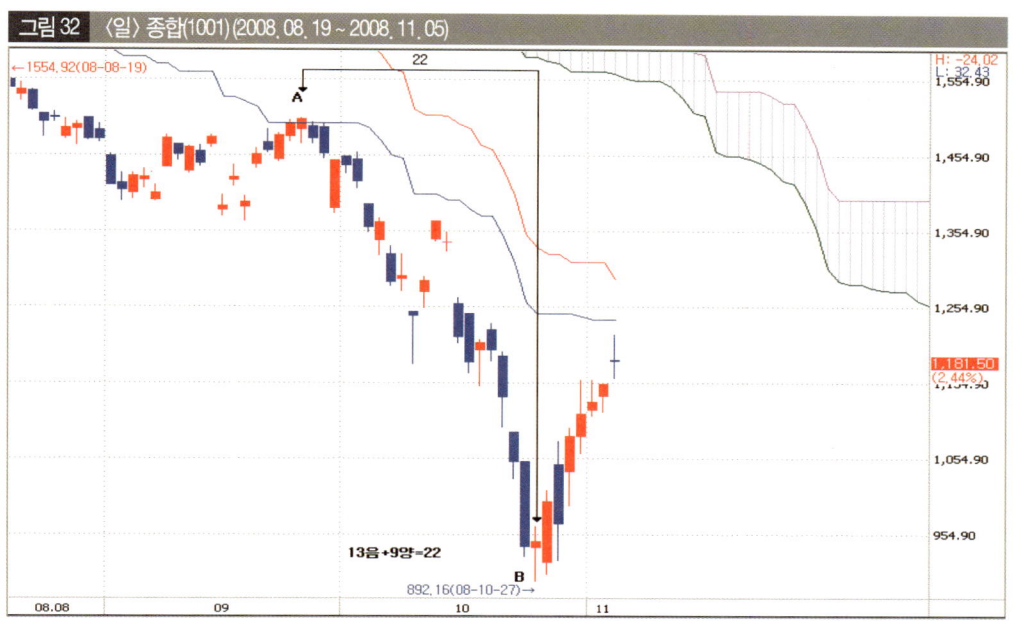

그림 32 〈일〉종합(1001)(2008, 08, 19 ~ 2008, 11, 05)

관점의 전환과 운동역학… 목표치 계산 방법론

주가운동의 원인을 분석할 때 하락의 원인으로 작용한 것을 역으로 방향을 바꾸어서 적용하면 상승의 원인이 되므로 상승 진행을 추정할 때 이 같은 관점 이동은 매우 중요한 분석 도구가 된다. 관점의 전환이란 바로 이러한 것을 말한다. 운동역학이란 이같이 하락의 원인으로 작용한 논리를 방향을 바꾸어 상승 추정의 논리로 사용하는 등 세부사항에 약간 변화를 가하여 연결 작업의 논리를 분석하고 주가운동의 크기에 대한 추정을 가능케 하는 작업을 말한다.

상승합(上昇合) 하락

〈그림 33〉은 이제까지와는 달리 보다 큰 규모에서 주가운동을 분석하는 차트이다. A바닥

에서 B천정까지 8캔들 상승과 C바닥에서 D천정까지 31캔들 상승을 합하면 39캔들이 되므로 D천정에서 39캔들 하락이 진행되는 위치가 두 차례의 공격적 매수자의 손바꿈이 완료되는 위치로 추정하는 것이 가능하다. 실제로 D천정에서 E바닥까지 하락 캔들수는 38캔들로서 1캔들 오차 범위 안에서 훌륭한 논리적 귀결을 만들고 있다. 38캔들 하락으로 바닥을 형성한 것은 두 차례의 상승 캔들수 합인 39캔들 대비 1캔들 축소이므로, 이는 대기 매수세가 매우 강하여 선취매가 작용한 것으로 보아 이후의 급등 진행에 대한 좋은 시사점이 된다.

하락합(下落合) 상승

〈그림 34〉에 적용된 논리는 〈그림 33〉에 적용된 논리의 역이다. 〈그림 33〉에서 2번의 상승운동의 합이 하락의 원인으로 작용하는 것이 확인되고 있으므로, 방향을 바꿔 2번의 하락

그림 34 〈일〉 종합(1001)(2008. 10. 16 ~ 2009. 06. 02)

운동을 계산하여 그 합의 크기로 미래의 상승운동 규모를 추정하는 것이 가능하리라고 보는 관점이다. 〈그림 34〉에서 B천정에서 C바닥까지 첫 번째 하락운동의 크기는 13캔들이고 D천정에서 E바닥까지 두 번째 하락운동의 크기는 38캔들이므로 2번의 하락운동을의 합한 크기가 51캔들이다. 따라서 E바닥에서 나타날 적정한 상승운동의 크기가 51캔들 정도일 것으로 추정 가능하다.

실제 E바닥에서 F천정까지 상승운동의 크기는 55캔들로서 51캔들 대비 4캔들 초과이므로 F천정에서 G바닥까지 4캔들 하락하여 초과 상승분을 상쇄시킨 후 다시 추가 상승으로 방향을 잡는 것이다.

초과 운동은 항상 조정 이후 이제까지와 같은 방향으로 추가적인 진행이 나타날 것으로 보는 견해가 지배적일 때 나타나는 현상이다. 조정 이후 추가 상승에 대한 기대가 강하면 조

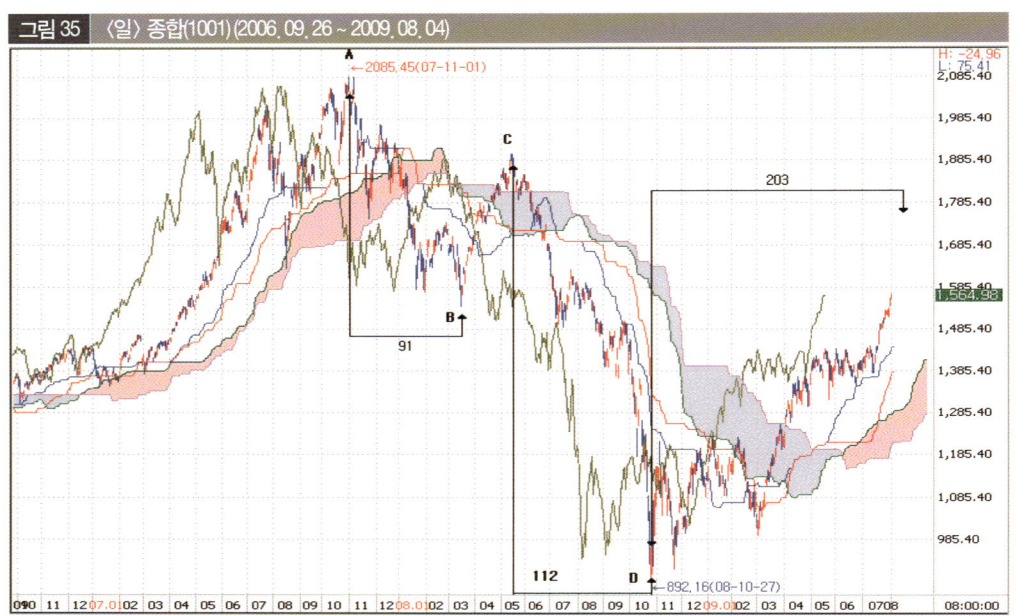

그림 35 〈일〉 종합(1001)(2006.09.26 ~ 2009.08.04)

정이 아직 발생하지 않은 상태에서 조정 후의 추가 상승을 먼저 맛보는 '선취 진행' 이 부분적으로 나타나는데, 선취 진행은 과매수 상태를 의미하므로 선취 진행 이후 선취 진행에 대한 격렬한 반작용을 겪은 후 비로소 제대로 된 새로운 상승 구간으로 진입하게 되는 것이다. 그런 의미에서 F천정에서 G바닥까지 4캔들 하락은 4캔들 선취 진행에 대한 적절한 반작용이다.

〈그림 35〉는 〈그림 34〉에 적용된 논리를 활용하여 보다 큰 규모에 대한 상승 추정을 해보는 차트이다. 한국 코스피 지수 2007년 11월 1일 A천정에서 B바닥까지 91일 하락하고 반등 천정인 C에서 D바닥까지 112일 하락이므로 2번의 하락에너지를 합하면 203캔들이 되고 이것이 D바닥에서 진행될 상승에너지의 크기를 추정하는 중요한 근거가 된다. 미래는 불확실하다. 그러나 분석하는 근거를 가지고 적정한 상승의 크기를 추정하는 것은 충분히 가능하다.

타이쿤 수열의 적용… 42와 68 그리고 110

타이쿤 수열 6, 10, 16, 26 이후의 보다 큰 규모를 운동을 진행해보면 42, 68, 110이 된다. 앞의 수와 뒤의 수를 더하면 다음 수가 계산된다. 같은 수는 대등이고 좌측 수는 축소이며 우측 수는 확장이다.

〈그림 36〉은 미국 다우존스 일간 타이쿤 차트이다. A천정에서 B바닥까지 42캔들 하락한 바닥에서 C천정까지 상승 캔들수는 68개이다. 이는 상승 캔들수 68이 하락 캔들수 42 대비 1.618배 확장한 것을 의미한다.

수열이란 실전에서 적용 가능한 숫자를 미리 나열하여 적정한 오차 범위 안에서 축소와 확장의 두 가지 경우에 따라 미리 미래 운동이 추정 가능하도록 안배된 것이다. 42와 68을 더하면 110이 되나 B위치가 중복되므로 A천정과 C천정을 연결하면 109캔들이 된다. 42캔들

그림 36　〈일〉다우존스산업지수(9101) (2008. 09. 24 ~ 2009. 08. 04)

하락 대비 68캔들 상승은 26캔들 상승 초과인데, D바닥까지 하락 캔들수는 19캔들이다. 이는 상승 초과분이 미상쇄된 상태에서 상승 추세로 진행된 것이므로 이후의 급상승에 대한 이유가 되기에 충분하다.

〈그림 37〉은 코스피 지수가 2008년 반등 천정에서 큰 하락 과정을 나타낸 타이쿤 차트이다. A바닥에서 B천정까지 42캔들 상승으로 천정이므로, B천정에서 42캔들 하락한 위치에서 매수세가 형성되는 것은 자연스러운 일이다. 이것을 대등수치라고 한다. 그리고 다음 하락 캔들수가 상승 캔들수인 42캔들을 초과하여 하락할 경우에는 타이쿤 수열에서 다음 수열에 해당하는 68캔들 위치에서 매수세가 형성되고, 지지력이 약하여 제대로 된 반등 없이 속락하는 경우에는 추가 하락 후 반등할 때 천정 68캔들 위치가 반등 천정으로 작용한다. 왜냐하면 천정 68캔들 위치에서 매수한 거래자들이 본전에 빠져나오는 위치가 되기 때문이다.

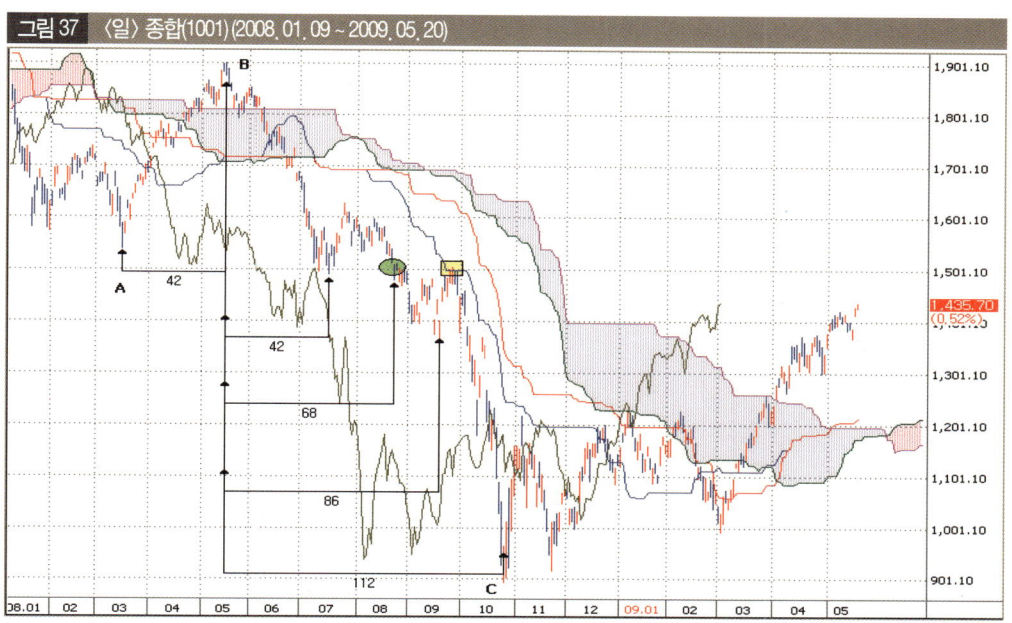

그리고 그 다음 바닥 추정 위치는 타이쿤 수열 배치상 다음 숫자인 110 위치 부근이 된다. 실제 바닥은 B천정 112캔들 위치에서 바닥이 형성된다. 미래에 대한 추정은 항상 불확실한 것이다. 2캔들의 오차 범위로 실제 바닥을 추정해보는 것은 의미있는 일이다. 주식투자는 시행착오를 통하여 과녁을 향하여 다가가는 게임이므로 어느 정도의 오차 범위를 감안한 여유있는 대등이 필요하다.

최소 필요 반등 캔들수의 연장

〈그림 23〉과 〈그림 24〉에서 최소 반등 필요 캔들수를 계산하는 근거는 하락하는 과정에서 형성된 양봉수가 다음 바닥에서 최소 반등 캔들수가 되는 것이다. 그런데 만약 계산치를 초과하는 상승의 경우에는 어떤 새로운 기준을 대입할 수가 있을까? 하락하는 과정에서는 음봉수가 양봉수보다 많이 형성되는 것이 일반적이므로 이번에는 하락 과정에서 형성된 음봉수가 다음 바닥에서 상승 필요 캔들수 추정의 근거가 된다.

한국 코스피 지수 2009년 일봉 차트인 〈그림 38〉의 A천정에서 B바닥까지 하락 과정에서 형성된 캔들수는 17개인데, 그 가운데 음봉수는 12개이다. 그러므로 B바닥에서 12캔들 위치인 C에서 천정을 형성하고 급격한 조정을 보이고 있다. 조정 바닥의 위치는 타이쿤 차트 전환선으로서 청색선으로 표시된다.

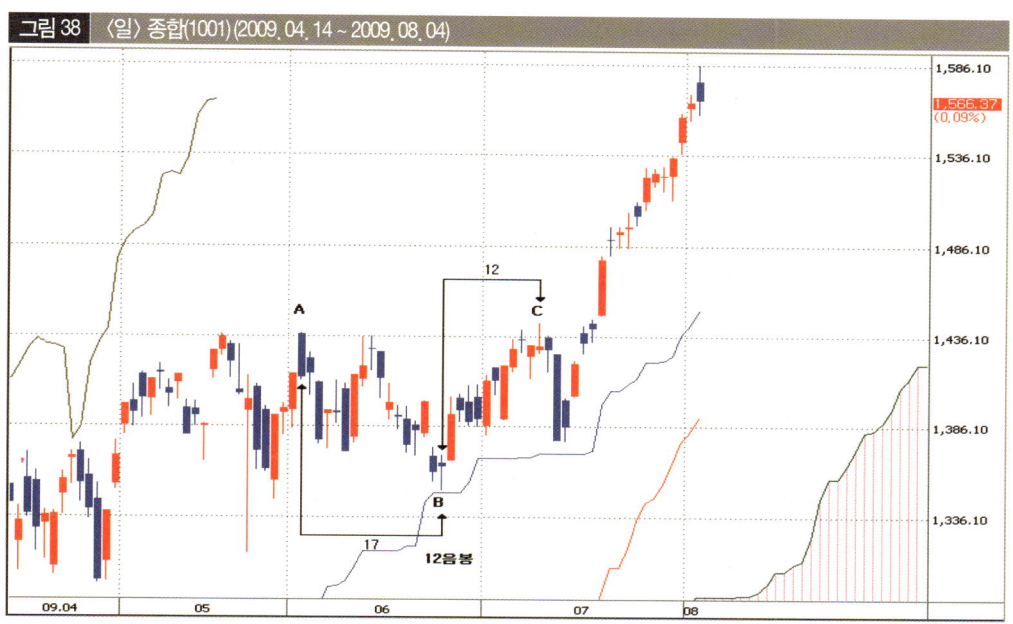

67

〈그림 39〉는 한국 코스피 지수 2007년 천정 이후 하락 과정에서 반등 천정을 형성하는 차트이다. A천정에서 B바닥까지 17캔들 하락하는 과정에서 형성된 음봉수는 11개이다. B바닥에서 11캔들 위치인 C에서 천정이 형성되는 것은 A천정에서 B바닥까지 하락할 때 음봉수 11개가 B바닥에서 C천정까지 상승 캔들수로 대응된 것이다. A천정에서 B바닥까지 17캔들 하락하는 과정에 형성된 양봉수는 6개인데, B바닥 6캔들 위치의 저항을 돌파하는 경우 다음 저항은 A천정에서 B바닥까지 하락 과정에 형성된 음봉수와 대응되는 위치에서 형성된다.

피보나치 수열의 또 다른 적용

〈그림 31〉에서 적용한 것은 직선과 직선간에 작용하는 8, 13, 21 피보나치 수열 관계라면, 〈그림 40〉에서 적용하는 것은 곡선과 직선간에 작용하는 피보나치 수열 13, 21의 적용이다. A천정과 B천정을 연결하는 숫자가 13캔들인 경우, 이는 하락할 때 매수하는 수비적 매수자와 상승할 때 매수하는 공격적 매수자의 합을 의미한다. 하락 추세가 진행되는 과정에서 주가가 반등 천정을 형성한 경우에는 천정과 천정을 연결하는 숫자, 즉 최근 매수자의 합만큼 주가가 하락하는 것이 매수자의 손절매, 즉 손바뀜이 완성되는 의미가 된다.

그러나 하락 추세가 진행되는 과정에서 매도심리가 시장을 압도적으로 지배하는 심리 상태가 되면, 반등 후 추가 하락의 정상적인 절차상 과정을 무시하고 정상적인 하락 위치보다 추가로 하락하여 과도한 매도가 진행된 후 반등은 그 이후에 급격하게 나타나는 경우가 빈

번하다. 그런데 그러한 경우 과매도가 진전되는 위치는 어떻게 추정할 수 있을까? 여기에서 수열이 필요하다.

〈그림 41〉의 A천정과 B천정 연결수가 13캔들인 경우 B천정 13캔들 정도만큼 하락한 위치에서 바닥이 형성되는 것이 적정할 것이나, B천정에서 C바닥까지 22캔들이나 하락하여 과매도 상태이다. B천정 22캔들 하락은 A천정과 B천정 연결수가 13이므로 피보나치 수열에서 13 우측의 수는 21이므로 다음 바닥 추정 위치인 천정 21캔들 부근이 되는 것이다. 실제 바닥은 B천정 22캔들 위치인데 종가 바닥은 B천정 21캔들 위치이고 장중 저가 바닥이 B천정 22캔들 바닥이므로 피보나치 수열이 훌륭하게 작용하고 있다.

A천정과 B천정을 연결한 캔들수는 13캔들인데 B천정에서 C바닥까지 22캔들 하락하여 9캔들 초과 하락이다. 초과 하락한 9캔들에 대한 반작용으로 C바닥에서 D천정까지 8캔들 강

한 반등이 출현한다. 예상되는 반등이 9캔들 정도일 때 8캔들부터 매도하는 것이 적절한 대응이 된다.

B천정에서 C바닥까지 22캔들 하락으로 바닥을 형성하는 경우 C바닥에서 22캔들 상승하는 것이 대등수치가 되나 하락하는 압력이 매우 강할 경우 이 힘을 비껴가는 작업이 필요하다. 이 과정이 B천정에서 C바닥까지 22캔들 하락이 C바닥에서 D천정까지 8캔들 반등과 D천정에서 E바닥까지 13캔들 하락으로 힘을 분산시키는 것이다. 이 같은 힘의 축소 분산 과정을 거친 다음 E바닥에서 비로소 B천정에서 C바닥까지 22캔들 하락에 대응되는 22캔들 상승이 나타나는데 E바닥에서 F천정까지 22캔들 상승이 바로 그것이다. 이것은 멀리 떨어진 위치에서 수적 작용이 나타나는 원격운동이다. 물리학에서 전기를 연결 작용이라고 한다면 원격운동은 자기 작용이라고 할 수 있다.

B천정에서 C바닥까지 22캔들 하락이 다음 바닥인 E에서 22캔들 상승한 위치까지 시장을 끌어올리는 원인으로 작용 후 F천정에서 G바닥까지 적정한 조정 후 H천정까지 신고가를 형성하도록 유도한다. 그리고 H천정에서 적절한 조정 후 H천정이 돌파시킨 J천정에서 2음봉 조정 후 신고가를 형성하면서 새로운 국면의 상승 기조로 진입하게 된다.

〈그림 42〉는 코스피 지수 2003년 3월 17일 512.30 바닥에서 장기 상승 국면으로 진입하는 초기에 나타나는 차트이다. A천정에서 B바닥까지 타이쿤 수열표에 나타나는 16캔들 급락으로 B에서 대 바닥을 형성 후 A천정에서 B바닥까지 16캔들 하락하는 에너지를 비껴가는 작업이 B바닥에서 C천정까지 6캔들 상승과 C천정에서 D바닥까지 7캔들 하락으로 축소 배분하는 과정을 거쳐 D바닥에서 비로소 E천정까지 15캔들 급상승한다. D바닥에서 E천정까지 15캔들 상승은 A천정에서 B바닥까지 16캔들 급락에 대응하는 것이다.

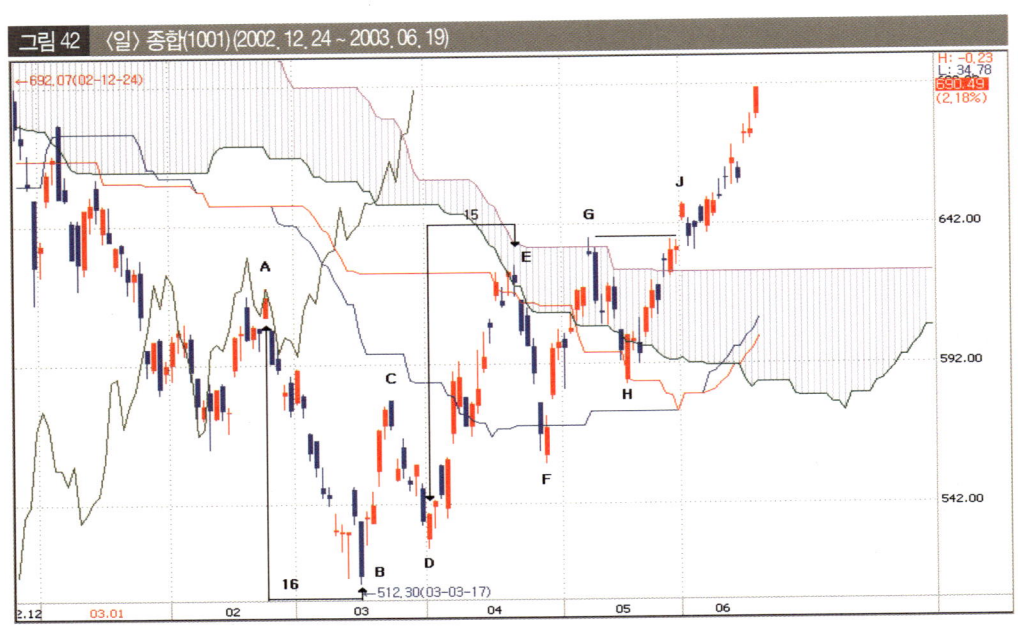

이 같은 하락에너지의 흘림과 급등 반전 후 E천정에서 F바닥까지 타이쿤 차트 전환선 위

치까지 적정한 조정을 거쳐 D바닥에서 15캔들 급등 천정인 E천정을 G로 돌파하게 되면 세

번의 상승 국면을 완성하게 된다. 이후 J에서 3차 상승 천정인 G를 돌파 후 2음봉으로 바닥

을 형성하고 다시 신고가를 형성하면서 새로운 국면의 상승 장세로 진입하게 된다.

〈그림 43〉은 〈그림 41〉의 내부에 작은 규모로 형성된 같은 논리의 구성을 보여준다. A천

정에서 B바닥까지 13캔들 급락하는 하락에너지가 너무 강하여 B바닥에서 바로 13캔들을

상승시키지 못하고, B바닥에서 C천정까지 6캔들 상승과 C천정에서 D바닥까지 5캔들 하락

으로 13캔들 하락에너지를 축소 분산 후 D바닥에서 비로소 E천정까지 13캔들 상승을 시현

하는 것이다.

초기의 큰 하락에너지를 곡선으로 완화시킨 후 다음 바닥에서 급상승으로 초기 하락에너

그림 43 〈일〉 종합(1001) (2008. 10. 10 ~ 2009. 04. 02)

지와 필적하는 급등을 실현하게 되면 이후 조정을 거쳐 다시 신고가를 형성할 가능성을 내

포하게 된다. 〈그림 43〉에서는 E천정에서 F바닥까지 조정 후 F바닥에서 G까지 상승하여 신

고가 형성으로 가능성이 현실로 발현된다.

　　B바닥에서 G천정까지 상승 과정은 전형적인 3단계 상승이다. 3단계 상승 천정에서 적정

한 조정을 거쳐 신고가를 형성하게 되면 새로운 국면의 상승 장세로 진입하게 된다. 〈그림

43〉에서는 G천정에서 H바닥까지 조정 후 J에서 3차 상승 천정인 G천정을 돌파하고 2음봉

조정을 소화한 다음 급등으로 진행하여 새로운 상승 장세로 진입이다.

루카스 수열이란 무엇인가?

루카스 수열은 피보나치 수열에서 타이쿤 수열을 뺀 결과로 나타나는 수열이다. 예를 들면 피보나치 수열 13과 피보나치 수열 21의 2배수인 타이쿤 수열 42의 차이는 29인데 이것이 루카스 수열이다. 루카스 수열을 나열하면 1, 3, 4, 7, 11, 18, 29, 47, 76, 123으로 진행된다.

〈그림 44〉에서 A천정과 B천정을 연결하면 29캔들이 되는데 이것이 루카스 수열이다. B천정에서 C바닥까지 연결수 13은 피보나치 수열이다. 루카스 수열 29와 피보나치 수열 13을 더하면 타이쿤 수열 42가 나타나는데, B 부분이 중복이므로 1이 차감되어 A천정에서 C바닥은 41캔들로 연결이다.

A천정과 B천정 연결 캔들수 29 대비 B천정에서 C바닥 연결 캔들수 13은 절반 정도 수준이다. 천정 연결수와 관련하여 바닥을 형성하는 경우는 세 가지인데, 첫째는 천정 연결수와

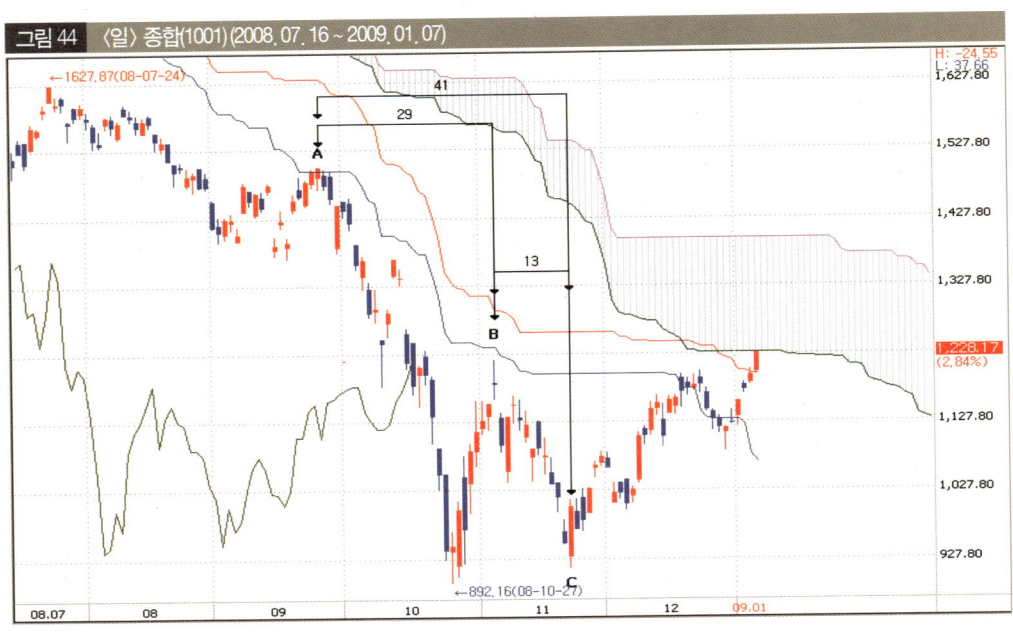

같은 수로 바닥을 형성하는 경우이고, 두 번째는 천정 연결수보다 확장되어 바닥이 형성되는 경우, 그리고 마지막으로 〈그림 44〉와 같이 천정 연결수보다 작은 캔들수로 바닥을 형성하는 경우가 그것이다.

피보나치 수열과 루카스 수열

변화수열은 2, 10, 12, 22, 34, 56, 90, 146으로 진행되고, 피보나치 수열은 1, 1, 2, 3, 5, 8, 13, 21, 34, 55, 89, 144로 진행되며, 타이쿤 수열은 2, 2, 4, 6, 10, 16, 26, 42, 68, 110으로 진행된다. 그리고 루카스 수열은 1, 3, 4, 7, 11, 18, 29, 47, 76, 123으로 진행되는데 변화수열과 피보나치 수열에서 겹치는 숫자는 34이다. 〈그림 45〉는 34캔들이 주가 차트에서 실제로 분기점으로 작용하는 그림이다. 피보나치 수열에서 34와 루카스 수열에서 29는 근접하는 숫자인데, 〈그림 45〉에서 루카스 수열의 29가 피보나치 수열의 34를 구성하는 2개의 숫자 가운데 하나로 작용하고 있다.

숫자 5와 숫자 34는 둘 다 피보나치 수열에 나타나는데 이 둘을 매개하는 숫자가 루카스 수열에서 나오는 숫자 29이다. 5와 29를 더하면 34가 되는데 두 숫자를 단순히 더하면 34가

되지만, 두 숫자를 더한 34에서 중복되는 1을 빼면 33이 된다. 이 33이라는 숫자는 실전에서 매우 중요한 분기점을 형성하는 경우가 빈번하므로 반드시 숙지해야 한다.

한국 코스피 지수 2004년 4월 23일 천정이 표시된 〈그림 45〉에서는 A천정과 B천정이 33 캔들로 연결되어 우측 천정에서 급락이 나타나는데 C천정에서 D바닥까지 17캔들로 바닥이 다. 17캔들은 33캔들의 절반에 해당한다. 천정 연결수와 관련한 주가 바닥 가운데 천정 연결 수의 절반 위치에서 바닥을 형성하는 패턴이다.

피보나치 수열의 조합… 주가 전기 작용(株價電氣作用)과 주가 자기 작용(株價磁氣作用)

13과 33의 조합과 45

피보나치 수열에서 34 왼쪽 두 번째 수는 13이다. 〈그림 46〉에서 A천정과 B천정을 연결하는 숫자가 13이고 B천정과 C천정을 연결하는 숫자는 33이다. 두 숫자 모두 피보나치 숫자의 활용으로 급락하는 천정을 형성하는 매우 유용한 분기점 형성수이다. 두 숫자를 다시 크게 연결하면, 13과 33을 더하면 46인데 중복된 1을 빼면 45라는 숫자가 나타난다. 13과 33 그리고 45 또는 46이라는 분기점 형성수를 염두에 두면 매우 유용하다는 것을 여러 번 경험하게 될 것이다. 45 또는 46은 타이쿤 수열에서 나타나는 42와 근접한 숫자이므로 비교하여 활용하는 것이 필요하다. 45와 42를 더하면 87이 되고, 두 숫자를 연결할 경우에는 중복된 1을 빼면 86이 된다. 86은 타이쿤 수열 68과 좌우 치환수로서 〈그림 37〉에서 천정과 바닥을 연결

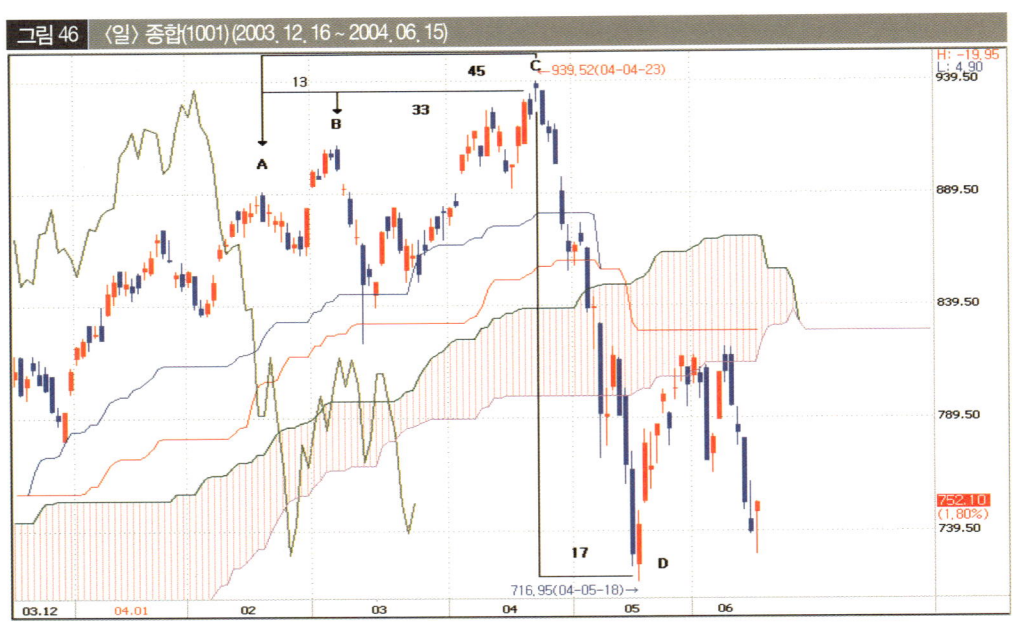

하는 매개 역할을 하고 있다.

〈그림 47〉은 미국 다우존스 지수 주간 일목균형표 차트이다. A천정과 B천정이 5캔들 하락하고 9캔들 상승하고 9캔들 하락하여 피보나치 숫자인 13으로 연결되고, B천정과 C천정은 33캔들로 연결된 천정이다. 13캔들과 33캔들로 연결된 천정에서 비롯되는 하락은 변동성이 크게 나타나는 경우가 빈번한데, 〈그림 47〉은 〈그림 46〉과 함께 매우 큰 변동성의 좋은 사례가 된다.

A천정과 C천정은 45캔들로 연결되는데 이는 A천정과 B천정까지 13캔들과 B천정에서 C천정까지 33캔들을 더한 46캔들에서 중복된 1캔들을 빼면 연결수가 45캔들이 된다. 그리고 C천정에서 D바닥까지 42캔들 급락인데 A천정에서 C천정까지 45캔들과 C천정에서 D바닥까지 42캔들을 연결하면 45캔들과 42캔들을 더한 87에서 중복된 1캔들을 빼면 86캔들이 된다.

79

13과 5의 조합과 17

피보나치 수열 1, 1, 2, 3, 5, 8, 13, 21, 34, 55, 89, 144에서 13 대비 5는 13의 왼쪽 두 번째 숫자이므로 0.382에 해당한다. 피보나치 수열에서 우측 한 칸은 1.618이고, 우측 두 칸은 2.618이다. 그리고 좌측 한 칸은 0.618이고, 좌측 두 칸은 0.382이다. 13과 5를 더하면 18이 되나 중복된 1을 빼면 17이 된다.

A천정에서 7캔들 하락한 상태에서 7캔들 상승하여 7과 7을 더한 14에서 중복된 1을 빼면 A천정과 B천정이 13캔들로 연결되고, B천정에서 5캔들 하락한 상태에서 C바닥이므로 A천정에서 B천정까지 연결수인 13과 5를 다시 연결하면 13과 5를 더한 18에서 중복된 1캔들을 뺀 17캔들이 된다.

그런데 D천정에서는 11캔들 하락한 상태에서 바닥을 형성하고 바닥에서 3캔들 상승하여

그림48 〈일〉 종합(1001) (2003. 12. 16 ~ 2004. 06. 15)

11과 3을 더한 14에서 중복된 1을 뺀 13캔들로 A천정과 E천정이 연결된다. 그 후 E천정에서 5캔들 하락하여 D천정에서 F바닥까지 13과 5를 더한 18에서 중복된 1을 빼면 D천정과 F바닥은 17캔들로 연결된다.

A천정에서 C바닥까지 17캔들로 연결된 상태와 D천정에서 F바닥까지 17캔들로 연결된 상태의 차이점은 두 가지이다. 첫째는 A천정 이후 B천정이 A천정보다 공간상으로 높은 위치인데 반해 D천정에서는 D천정 이후 E천정이 D천정보다 낮다는 것이다. 두 번째는 A천정에서 최초 하락 캔들수가 7캔들인데 반해 D천정에서는 E천정까지 3캔들 상승하기 직전 바닥까지 11캔들이 하락한 것이다. 요약하면 D천정에서 F바닥까지 17캔들 급락한 예고편이 A천정에서 C바닥까지 17캔들 움직인 것으로 볼 수 있다는 것이다.

17과 17의 조합과 33··· 주가 전기 작용(株價電氣作用)과 주가 자기 작용(株價磁氣作用)

〈그림 49〉의 A바닥에서 B천정까지 17캔들 직선운동을 한 부분이 B천정에서 C천정까지 곡선으로 17캔들 운동한 부분으로 변화되어 나타난다. B천정 분기점과 같은 연결점을 매개로 같은 숫자가 다음 분기점을 형성하는 주가 전기 작용(株價電氣作用)이다. 17과 17을 더하면 34가 되나 중복된 1을 빼면 33이 된다. A천정과 C천정을 연결한 33캔들 천정 연결 작용이 다음 천정인 D천정과 33캔들 위치인 E천정을 연결하는 것으로 나타난다.

원격 상태에서 유사한 운동 패턴이 형성되므로 주가운동의 자기 작용(磁氣作用)이다. 주가운동에는 전기 작용과 자기 작용이 있는데 연결선을 타고 진행되는 것은 전기 작용이고, 연결선이 단절된 상태로 원격 상태로 진행되는 것은 주가 자기 작용(株價磁氣作用)이다. 주식 거래를 하다 보면 천정과 바닥과 같은 주요 분기점에서는 강한 심리적 끌림을 느끼게 되는데, 이는 주가 전자기 작용(株價電磁氣作用)에 의한 것이다.

C천정에서 17번째 위치가 급락 바닥으로 작용하는 패턴이 E천정에서 G바닥까지 17캔들 급락하는 것으로 재현된다. C천정과 D천정 그리고 F바닥까지 주가가 발작적으로 상하운동 하는 것은 주가 상승이 오랫동안 진행되어 과도한 주가 상승에 대한 경계심리가 작용하기 때문이다. 그리고 마침내 대다수가 예견했던 주가 급락은 D천정과 33캔들 위치인 E천정에 서부터 연속 3개의 음봉과 함께 시작되었다.

13캔들과 17캔들의 천정 연결과 29캔들 상승 전환

A천정에서 E천정까지 17캔들 연결은 A천정에서 7캔들 하락과 11캔들 상승의 결과이다. 하락 캔들수 7캔들 대비 11캔들 상승은 1.57배 확장(11/7=1.57)으로서 황금비 1.618에 준하

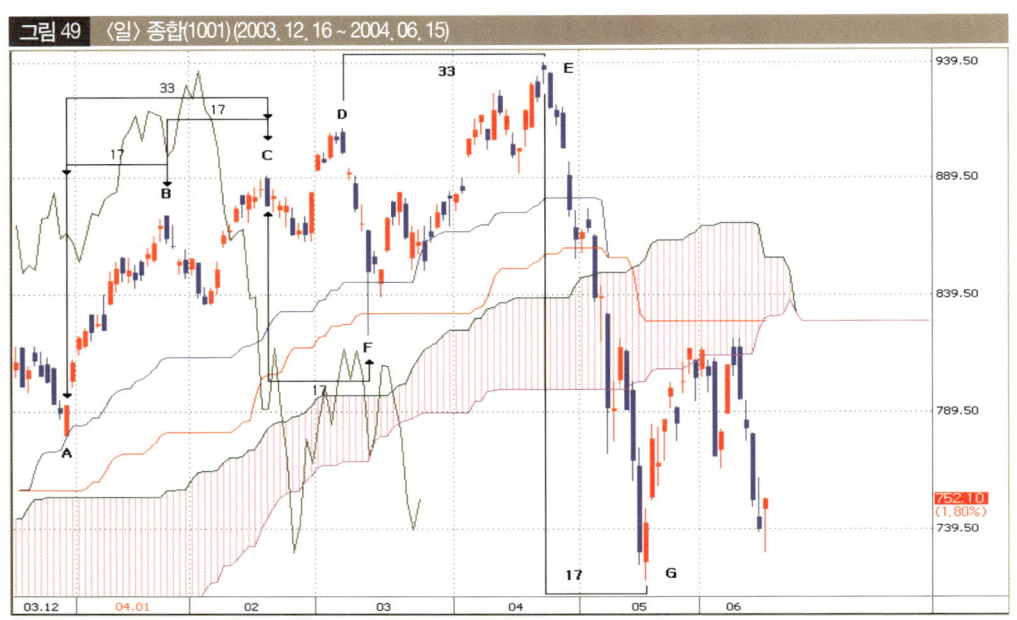

그림 49 〈일〉 종합(1001) (2003. 12. 16 ~ 2004. 06. 15)

는 확장운동이다. 그런데 E천정과 B천정을 연결하는 캔들수는 13캔들로서 E천정에서 7캔들 하락과 7캔들 상승의 대등운동이다. 천정 연결수가 17에서 13으로 축소되면서 확장운동이 대등운동으로 바뀌자 17캔들과 13캔들의 차이에 해당하는 4캔들 축소된 부분이 B천정에서 C바닥까지 5캔들 하락으로 방향을 바꾸어 충족되어 A천정에서 E천정까지 17캔들 연결이 E천정에서 C바닥까지 17캔들 연결로 대등 진행이 완료되었다. 17캔들과 13캔들의 차이는 4캔들이지만, 이것이 실제로 작용하는 과정에서는 B천정을 포함해서 5캔들을 채워야 실제 차이 부분인 4캔들이 추가되는 결과로 나타나는 것이다.

한편 A천정과 B천정을 연결하는 천정~천정 29캔들 작용이 C바닥에서 D천정을 연결하는 바닥~천정 연결 작용으로 전환되었다. B천정과 C바닥을 연결하는 부분이 단절된 채로 29캔들의 작용이 천정~천정 연결에서 바닥~천정 연결로 전환되었으므로 이는 비연결 원격 작용

그림50 〈일〉종합(1001)(2003. 12. 16 ~ 2004. 06. 15)

인 주가 자기 작용(株價磁氣作用)의 결과이다.

이 원리를 이해하기 위해서는 다음과 같은 가정이 필요하다. 즉, 향후의 주가 급락을 예견하여 A천정에서 B천정 구간에서 현금화하여 C바닥까지의 급락을 피한 현명한 매도자들이 예견된 급락이 시현된 시점인 C바닥 투매 끝자락인 음봉 아랫꼬리부터 현금화한 자산을 투입하기 시작한다고 가정해보면, 매도자금의 합이 29캔들에 해당하므로 매도자금의 매수 투입이 완료되는 시점은 C바닥 포함 29캔들에 해당하는 D천정이 될 것이다. 일단 D천정에서 매도자금의 재매수가 완료된 시점이 천정이 될 경우 하락에너지는 E천정에서 C바닥까지 돌파와 붕괴의 발작적 운동 과정에서 나타난 것과 대등한 수치로 나타난 것이 관찰된다.

시장이 안정된 단계적 상승운동을 지속하기 위해서는 천정과 천정을 연결한 캔들수보다 다음 바닥에서 천정까지 연결수가 더 확장되어야 한다. 왜냐하면 그것이 바로 매도자금의 매수자금화 이상의 신규 자금이 시장에 진입하는 신호가 되기 때문이다.

29 캔들 상승 과정 내부의 3단계 상승 구조… 확장~축소 패턴

주가 상승 운동은 일반적으로 3단계로 진행되는 경향이 지배적이다. A천정에서 B천정까지 연결수 29가 주가 자기 작용으로 인해 다음 바닥인 C바닥에서 D천정까지 상승수 29로 전환된 과정에서 3단계 상승의 구조가 드러난다.

3단계 상승은 1차 상승과 1차 반락 그리고 2차 상승과 2차 반락을 거쳐 3차 상승으로 진행된다. 〈그림 51〉의 C바닥에서 1차 상승 캔들수 6개와 1차 반락 캔들수 5개가 연결되어 C바닥과 E바닥은 10캔들로 연결된다. 2차 상승은 1차 상승과 1차 반락을 합한 수보다 같거나 확장되는 것이 일반적인데, C바닥과 E바닥 연결수 10캔들보다 3캔들 증가한 13캔들 상승이다. D바닥에서 F천정까지 연결수는 10캔들과 13캔들을 더한 23캔들에서 중복된 1을 뺀 22 캔들이다.

2차 반락 캔들수 4개는 1차 반락 캔들수 5개보다 1캔들 축소이며 3차 상승 캔들수 5개는 1 차 반락 캔들수 5개와 같다. 3차 상승 캔들수가 1차 반락 캔들수보다 확장되지 못할 경우 큰 충격이 발생하는 경우가 빈번하므로 유의해야 한다.

2차 반락 캔들수 4개와 3차 상승 캔들수 5를 연결하면 8캔들로 연결되는데, 이는 E바닥에 서 F천정까지 연결수 13캔들 대비 0.618의 진행이다. E바닥에서 D천정까지 연결수는 13캔 들과 8캔들을 합한 21에서 중복된 1을 빼면 20캔들이 되는데, 이는 C바닥과 E바닥 연결수인 10캔들 대비 2배수에 해당한다.

3단계 상승 과정에서 전개된 진행은 10개와 13개 그리고 8개로 표시된다. 이는 1차 상승

수 6개와 1차 반락수 5개를 연결한 10캔들보다 증가한 2차 상승이 종료된 후 2차 상승수 13
보다 작은 범위에서 2차 반락과 3차 상승이 진행된 것을 의미한다. 이것은 상승과 하락 그리
고 결합과 배분 운동으로서 상-하-합-차-분(上-下-合-差-分) 패턴이다. 2차 반락과 3차 상승을
합한 것이 2차 상승보다 작은 패턴은 급락으로 연결되는 경우에 대한 대비가 필요하다.

31캔들 상승 과정 내부의 3단계 상승 구조… 확장~반복 패턴

〈그림 51〉에 나타나는 3단계 상승 패턴은 한국 코스피 지수 2004년 4월 천정에서 나타난
모델이고, 〈그림 52〉에 나타난 3단계 상승 패턴은 2009년 1월 천정에 나타난 모델인데, 5년
간의 시차를 두고 발생한 두 패턴이 매우 유사한 모습을 보이고 있다.

〈그림 51〉에 나타난 패턴은 10-13-8의 숫자 연결로 표시되는 모델인데 반해서 〈그림 52〉

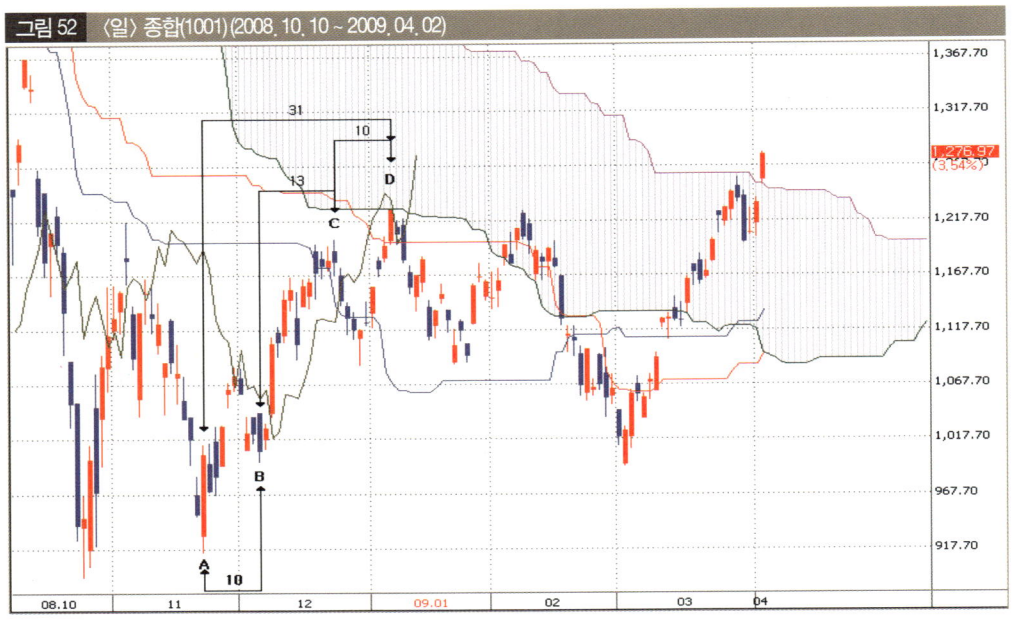

에 표시되는 모델은 10-13-10의 숫자 연결로 표시되는 모델로서, 마지막 연결 부분의 숫자가 8에서 10으로 2캔들 확장된 것이 차이점이다. 2캔들 차이가 이후의 주가 진행에서 하락의 정도가 매우 다르게 나타나는 원인으로 작용하고 있다.

〈그림 51〉에서 급락시 17캔들 하락은 2차 상승수 13캔들과 3차 상승수 5개를 더한 18개에 준하는 숫자이며, 이는 상승합 하락(上昇合 下落)이다. 〈그림 52〉의 D천정에서 11캔들 하락한 것은 C천정에서 D천정까지 5캔들 하락과 6캔들 상승을 더한 것으로서 하상합 하락(下上合 下落)이다.

결론적으로 〈그림 51〉에서는 3단계 상승의 결과 바닥에서 천정까지 29캔들 구성인데, 이는 10-13-8 세 개의 숫자를 더한 31에서 중복된 2를 뺀 숫자이며, 〈그림 52〉에서는 A바닥에서 D천정까지 3단계 상승의 결과가 31캔들 상승으로 나타난다. 이는 10-13-10 세 개의 숫자를 더한 33에서 중복된 2를 뺀 결과이다.

곡선 작용에서 직선 작용으로의 변화(1)

〈그림 53〉의 A천정에서 B바닥까지 주가 하락이 진행되는 과정은 일반적인 진행과는 달리 발작적이다. 일반적인 주가 하락 진행은 직전 천정보다 낮은 반등에서 직전 바닥이 붕괴되는 것인데, A천정에서 B바닥까지 주가 하락 진행 과정은 직전 천정을 돌파시킨 후 다시 직전 바닥을 붕괴시키는 패턴이다. 이는 주가 상승이 지나치다고 보는 견해가 생겨나는 상황에서도 주식 보유를 지속하다가 특정한 이슈 발생을 기점으로 보유 주식을 일거에 투매한 상황에서 나타나는 현상이다.

그러나 투매 이후에도 아직 상승 추세가 유지되는 상황이므로 투매 이후에도 주가 상승이 지속되다가 진정한 투매가 특정 위치를 기점으로 시작되는 패턴이다. C천정에서 D바닥까지 나타나는 직선형 17캔들 투매는 A천정에서 B바닥까지 나타난 곡선형 17캔들 주가운동의 예고편의 본격 진행으로 볼 수 있다. 또한 〈그림 51〉에서 나타난 바와 같이 3차 상승 진행 과정에서 나타난 2차 상승수 13캔들과 3차 상승수 5캔들을 더한 18캔들에 준하는 것으로 볼 수 있다.

곡선 작용에서 직선 작용으로의 변화(2)··· (13+5)-1=17

〈그림 53〉에 나타난 곡선운동에서 직선운동으로의 변화를 좀 더 세분해서 살펴보면 피보나치 수인 13의 작용이 보다 잘 나타난다. 〈그림 54〉에서 A천정에서 B바닥까지 17캔들 발작적 주가운동 진행은 A천정과 13캔들 위치인 새로운 천정에서 5캔들 하락한 두 개 운동

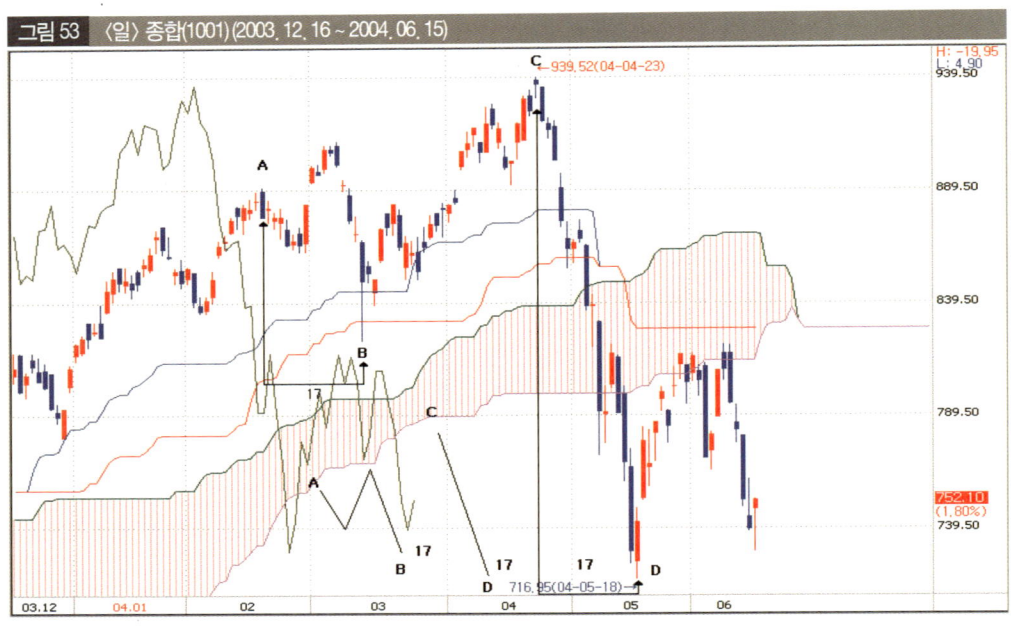

그림 53 〈일〉 종합(1001)(2003. 12. 16 ~ 2004. 06. 15)

의 결합으로 이해된다. 13과 5를 더한 18에서 1을 뺀 17이 곡선형 운동의 결과인 것이다.

한편 C천정에서 D바닥까지 직선형 17캔들 주가 급락의 진행은 C천정에서 11캔들 하락한 바닥에서 3캔들 상승한 13캔들 반등 천정에서 5캔들 하락한 것으로 분해할 수가 있다. 이 운동의 결과도 C천정에서 13캔들 위치의 새로운 천정에서 5캔들 급락하여 13과 5를 더한 18에서 중복 계산된 1을 뺀 17로 천정과 바닥을 연결한 패턴이 되어 A천정에서 나타난 것과 동일한 수적 연결이다. 다만 운동의 진행이 곡선형에서 다소 직선형으로 바뀐 것이다.

곡선 작용에서 직선 작용으로의 변화(3)

〈그림 55〉는 〈그림 52〉와 〈그림 54〉에서 분석한 것과 세부적으로 좀 더 다른 관점에서 살펴본 것이다. A천정에서 B바닥까지 17캔들 진행 과정을 A천정에서 최초 하락 캔들수 7개로

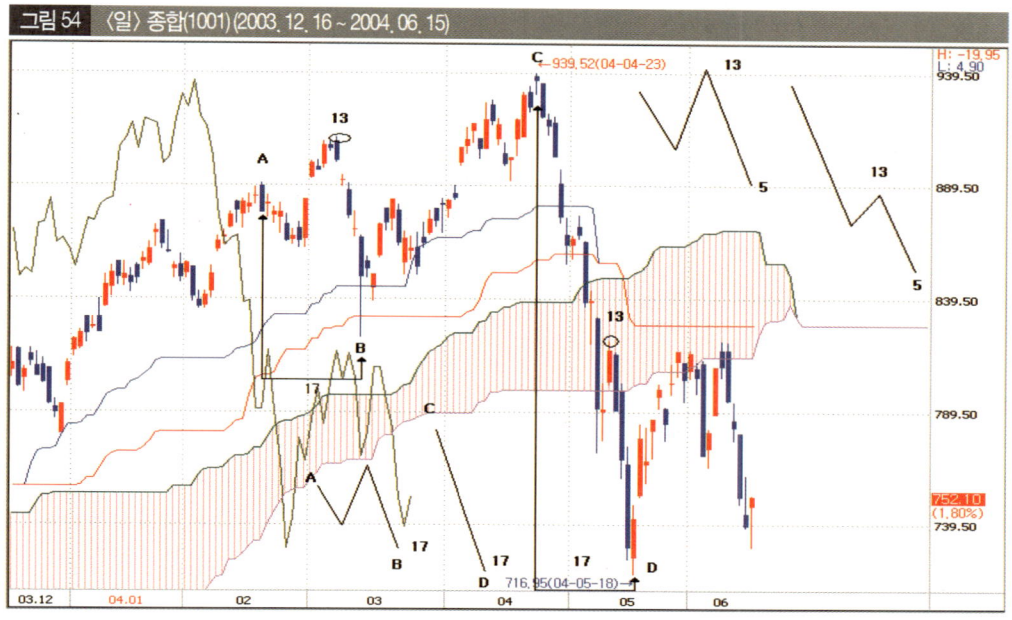

형성된 바닥을 기점으로 관찰할 경우 7과 11의 결합인 18에서 중복된 1을 뺀 것이 17로 된 것이다. 그런 관점에서 C천정에서 D바닥까지 진행된 17캔들 하락도 11캔들 하락한 바닥에서 3캔들 상승과 5캔들 하락의 연결수인 7을 더한 18에서 중복된 1을 뺀 17수로 연결된 것이다. 7과 11의 발생 순서만 다르게 나타난 것으로서 연결수의 구성은 같은 것이다.

직선 작용에서 곡선 작용으로의 변화(1)··· 주가 자기 작용(株價磁氣作用)

〈그림 53〉과 〈그림 54〉 그리고 〈그림 55〉가 주가운동 과정이 곡선운동에서 직선운동으로 연관된 것을 관찰한 것이라면, 〈그림 56〉은 직선운동에서 곡선운동으로의 전환이라는 관점에 해당하는 사례이다. A천정에서 B바닥까지 22캔들 하락한 작용이 B바닥에서 C천정까지 8캔들 상승한 것과 C천정에서 13캔들 하락한 것으로 배분되는 과정은 B바닥과 서로

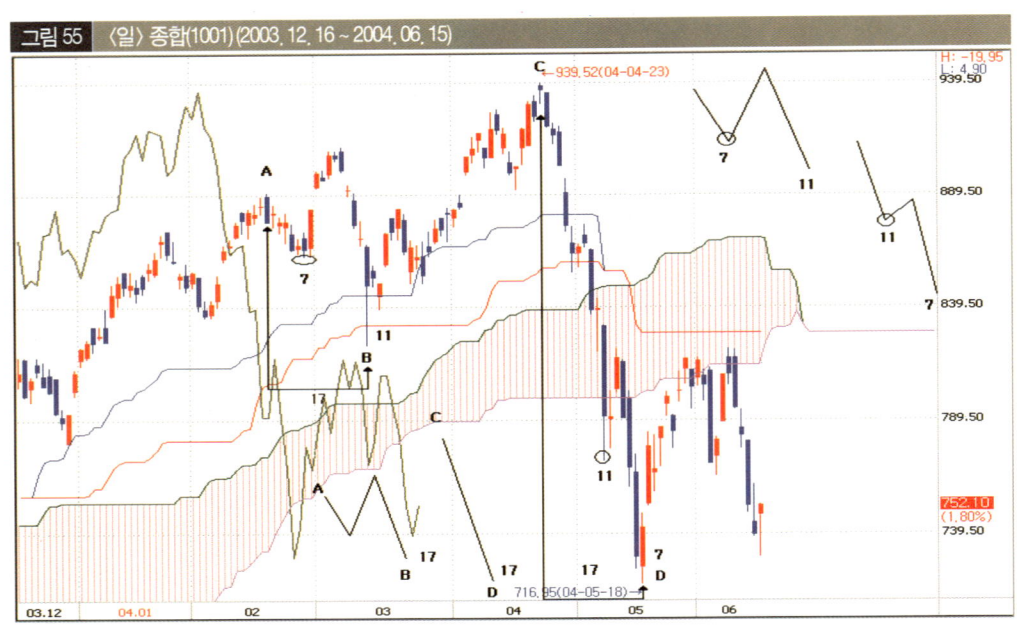

연결된 상태에서 진행되는 것이므로 주가 전기 작용이라고 한다면, B바닥과 격리된 C천정을 기점으로 22캔들 하락한 D에서 새로운 바닥이 형성되는 것은 원격 상태에서 숫자의 상호 작용이 발생하는 것이므로 주가 자기 작용에 해당하는 것이다. A천정에서 B바닥까지 22캔들 하락 진행이 상대적으로 직선형이라면 C천정에서 D바닥까지 22캔들 진행은 곡선형 진행이라고 볼 수 있다.

직선 작용에서 곡선 작용으로의 변화(2)···(13+10)-1=22

A천정에서 B바닥까지 22캔들 하락 과정을 세분하면 A천정 11캔들 바닥에서 3캔들 상승한 13캔들 천정을 기점으로 10캔들 하락하여 바닥을 형성한 것이다. 일반적으로 하락 추세에서는 천정 연결수만큼 하락하거나 또는 천정 연결수보다 추가 하락하는 경우가 일상적인데, 천정 연결수보다 축소 하락하는 경우는 대기 매수세가 그만큼 강하다는 것을 반증하는 것이다.

다음으로 C천정을 기점으로 살펴보면 C천정 13캔들이 이번에는 바닥으로 작용하며 10캔들로 연결되는 또 다른 바닥까지 13캔들과 10캔들을 합한 23캔들에서 중복된 1을 빼면 C천정 22캔들 위치에서 D바닥이 형성된다. A천정에서 B바닥까지 비교적 직선 형태로 진행된 하락 작용이 C천정에서 D바닥까지는 곡선 형태로 진행된 것이다. 직선형이 곡선형으로 전환된 것은 그만큼 대기 매수세가 강한 반증이다.

그림 57 〈일〉 종합(1001) (2008.09.17 ~ 2009.03.11)

직선 작용에서 곡선 작용으로의 변화(3)

A천정에서 B바닥까지 22캔들 하락하는 과정을 또 다른 관점에서 살펴보면, A천정에서 E 바닥까지 11캔들 하락한 바닥에서 3캔들 상승과 10캔들 하락이 진행되어 3과 10을 더한 13 에서 1을 뺀 12가 연결된 B바닥까지 11과 12를 더한 23에서 중복된 1을 뺀 22캔들로 바닥이 다. 그리고 C천정에서 D바닥까지 22캔들 하락 과정을 세분하면 18캔들 천정 연결과 5캔들 하락으로 구성되는데 18과 5를 더한 23에서 중복된 1을 뺀 22로 바닥이다.

곡선 작용에서 곡선 작용으로의 변화(1)

곡선형에서 직선형으로 또는 직선형에서 곡선형으로 전환되는 경우와 함께 곡선형에서 곡선형으로 진행되는 경우도 분석해둘 필요가 있다. 〈그림 59〉에서 A바닥과 B천정을 경유하여 C바닥과 D천정까지 22캔들로 진행되는 패턴은 곡선형이다. 그리고 추가 하락이 진행되다가 E천정을 기점으로 다시 F바닥을 경유하여 G천정까지 22캔들로 곡선형 패턴이다.

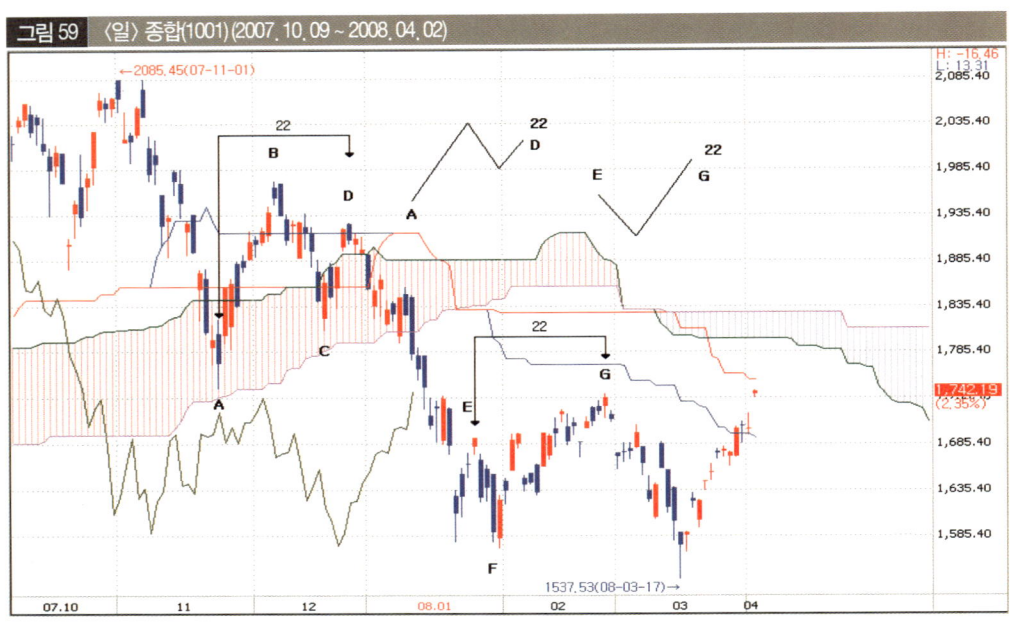

곡선 작용에서 곡선 작용으로의 변화(2)

〈그림 59〉에서 진행된 곡선형에서 곡선형으로 전환 과정을 좀 더 세분해보자. A바닥에서 B천정까지 10캔들 진행된 천정에서 B천정에서 C바닥까지 9캔들 하락하고 C바닥에서 D천정까지 5캔들 상승하여 9와 5를 더한 14에서 중복 계산된 1을 뺀 13으로 연결되어 10과 13을 더한 23에서 중복된 1을 빼면 22캔들이 된다. E천정에서 F바닥까지 5캔들 하락과 F바닥에서 18캔들 상승하여 5와 18을 더한 23에서 중복된 1을 뺀 22로 연결되는 패턴도 또 다른 모델이다. 22는 변화수열 2, 10, 12, 22, 34, 56, 90에서 매우 빈번하게 적용되는 분기점 형성수이다.

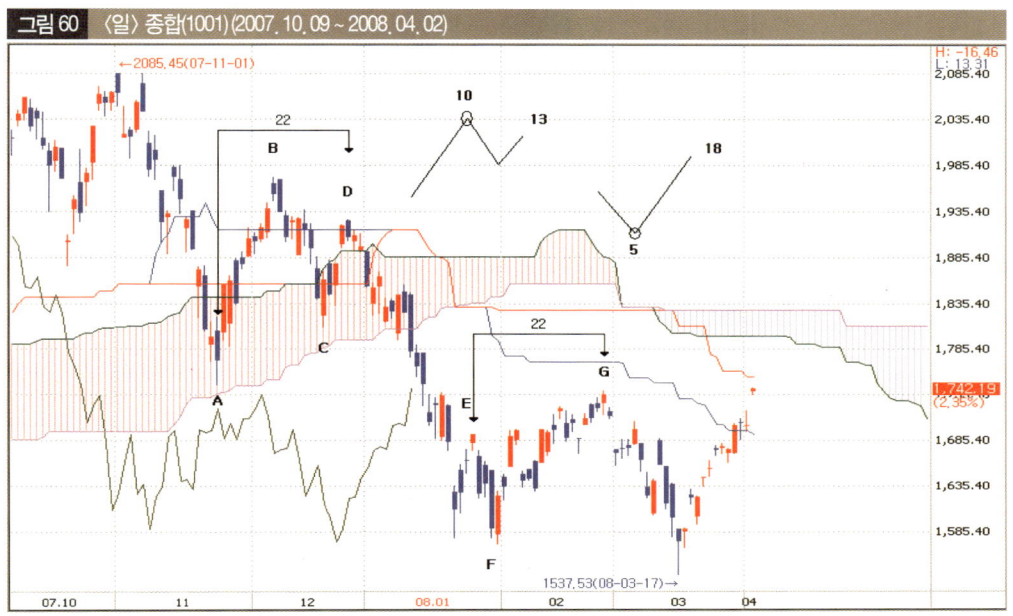

곡선 작용에서 곡선 작용으로의 변화(3)

〈그림 61〉에서 다른 관점으로 살펴보면 18과 5의 연결이 두 곳에서 공통적으로 나타나는 연결 패턴이다. A바닥에서 B천정까지 10캔들 상승과 B천정에서 C바닥까지 9캔들 하락을 연결하면 A천정과 C바닥이 10과 9를 더한 19에서 중복된 1을 뺀 18로 연결되고, C바닥에서 D천정까지 5캔들 상승하여 A바닥과 D천정이 18과 5를 더한 23에서 중복된 1을 뺀 22로 연결된다. 그리고 E천정에서 F바닥까지 5캔들 하락과 F바닥에서 G천정까지 18캔들 상승으로 E천정과 G천정이 22로 연결된다. 18과 5로 연결되는 것은 공통이나, A바닥에서는 18이 먼저 출현하고 5로 연결되는데 E천정에서는 5가 먼저 출현하고 18로 연결되는 점에서 차이가 있다.

곡선 작용에서 곡선 작용으로의 변화(4)

〈그림 62〉에서 나타나는 22캔들이 18~5 연결과 11~12 연결 시스템은 〈그림 58〉에서 나타나는 패턴이다. 변화 기본수 22가 나타나는 경우의 수가 매우 빈번하게 다양한 형태로 출현하는데, 11과 12 연결 패턴은 먼저 발생한 11캔들 연결이 다음 연결에서는 12수가 추가되어 최초 연결수의 두 배인 22수로 최종 연결된다는 것이 특이점이다.

역사적인 바닥에서 나타나는 패턴

축소 배분 바닥과 상승 전환(1)

역사적인 바닥에서 나타나는 패턴은 일정하게 반복되는 경우가 빈번한데, 한국 코스피 지수 2003년 3월 17일 지수 512.30 바닥에서 나타나는 패턴이 바로 그것이다. 최후의 투매가 진행되고 나면 최후 투매에 대한 반등이 완료된 후 추가 하락이 나타나더라도 최후 바닥이 지지되면서 추세가 하락에서 상승으로 반전된다. 이 경우 최후 투매 바닥에서 나타나는 반등 캔들수와 추가 하락 캔들수를 합한 것은 최후 투매 하락 캔들수보다 축소되는 경향이 있다는 것이 핵심이다.

A천정에서 B바닥까지 최후 투매 하락 캔들수 16개가 B바닥에서 C천정까지 6캔들 상승과 C천정에서 D바닥까지 7캔들 하락으로 배분되나, 그 두 수의 합이 13캔들로서 중복된 1을 빼

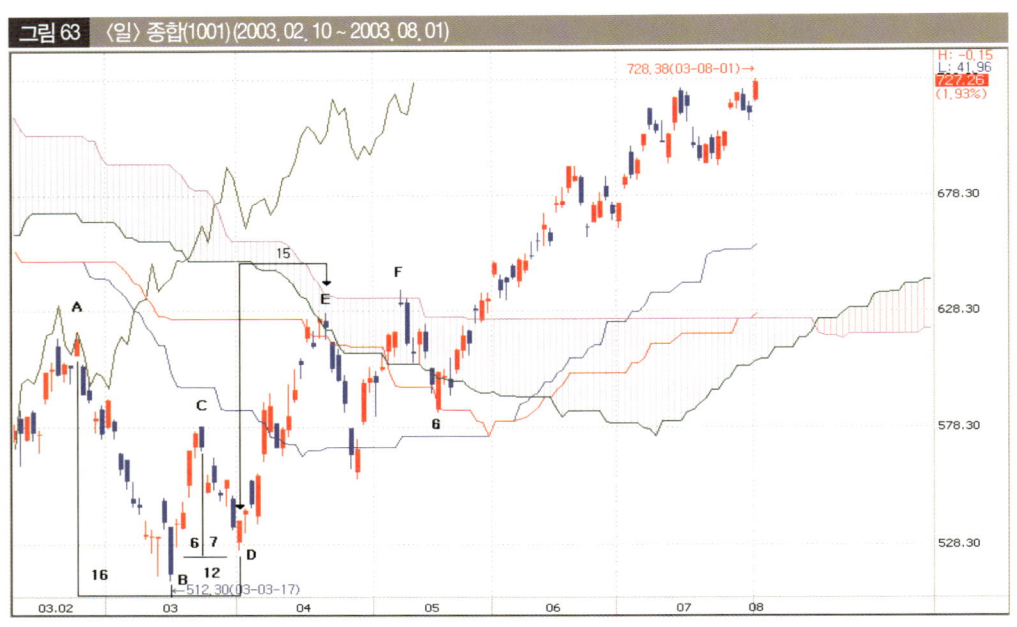

그림 63 〈일〉 종합(1001)(2003.02.10 ~ 2003.08.01)

면 12캔들로 연결된다. 이는 16캔들 투매 대비 4캔들 축소된 것이다.

최후 투매 바닥에서 축소 배분된 바닥에서는 최후 투매 캔들수 정도의 급등이 나타난다. 이는 최후 투매 후 나타나야 하는 급반등이 최후 투매 시기의 강렬한 직선형 매도세를 곡선형으로 선회하여 약화시킨 후 매도세가 분산되어 약화된 것을 확인하고 지연된 급등을 시현시키는 것이다. A천정에서 B바닥까지 16캔들 급락이 D바닥에서 E천정까지 15캔들 급등으로 전환된 것이 바로 그것이다.

B바닥과 D바닥은 서로 격리된 상태인데 연결된 상태가 아닌 원격 상태에서 이전 주가 운동이 공간을 뛰어넘어 작용하고 있으므로, 주가 전자기 유도 현상(株價 電磁氣 誘導 現象)이라고 할 수 있다.

A천정에서 B바닥까지 16캔들 급락에 대해 거의 대등한 캔들 수준의 급반등을 D바닥에서 E천정까지 15캔들 급등으로 시현하고 나면 역사적 바닥 확인에 대한 공감대 형성으로 전저점이 지지되는 위치에서 반락이 완성되고, 그 후 직전 천정을 돌파하는 새로운 상승이 나타나면 이제까지와는 다른 전혀 새로운 형태의 상승장이 시작된다. F천정이 E천정을 돌파시키고 적정한 조정 바닥인 G바닥에서 재차 F천정을 돌파하면서 주가 캔들로 타이쿤 차트 구름층 상부의 저항을 돌파하며 본격 상승 추세로 진입한다.

축소 배분 바닥과 상승 전환(2)

〈그림 64〉는 한국 코스피 지수가 2008년 10월 27일 892.16 바닥을 완성하는 패턴을 나타낸 것이다. A천정에서 B바닥까지 22캔들 마지막 투매 후 나타나는 B바닥에서 C천정까지 8캔들 상승과 D천정에서 D바닥까지 13캔들 하락을 연결하면 20캔들이 되는데, 이는 A천정

에서 B바닥까지 최후 투매 캔들수 22캔들 대비 2캔들이 축소된 것이다.

축소 배분 바닥인 D바닥에서는 A천정에서 B바닥까지 최후 투매 캔들수 22에 해당하는 급상승이 D바닥에서 E천정까지 나타나는데, 이렇게 형성된 E천정 이후 반락 과정에서는 역사적 바닥 확인에 대한 공감대 형성으로 직전 바닥이 지지되는 조정 후 직전 천정을 돌파하는 새로운 상승이 나타난다. E천정을 돌파하는 F천정이 바로 그것이다. 이후 F천정에서 형성된 매물을 소화하는 G바닥까지의 조정 후 F천정을 돌파하는 새로운 상승이 나타나면서 본격 상승 추세로 진행된다. 〈그림 63〉에 나타난 G바닥과 〈그림 64〉에 나타난 G바닥에서 나타나는 상승은 본격 상승 추세 진입 시작이라는 점에서 공통점이 있다.

축소 배분 바닥과 상승 전환(3)

〈그림 65〉는 〈그림 66〉에 나타난 패턴을 좀 더 거시적으로 살펴보는 차트이다. 최후 급락이 시작된 한국 코스피 지수 2008년 9월 25일 1503.83 천정 A를 2009년 7월 23일 1504.70 양봉 캔들로 돌파한 후 본격 상승 추세로 진입하는 모습이다. 최후 투매가 시작된 위치를 돌파 후 지지되는 모습을 확인하는 것이 장기 상승을 내다보는 주식 거래의 필수 요건이다. 장기 상승 추세가 유지되기 위해서는 6월 말과 7월 중순의 조정과 같이 청색선으로 표시된 타이쿤 차트의 전환선 위에서 조정이 마무리되는 것이 필요하다.

타이쿤의 주가양자파동이론

chapter 2

양자(量子; quantum)

입자(粒子)와 양자(量子)

입자(粒子)가 작은 알갱이 한 개 한 개를 개별적으로 칭하는 용어라면, 양자(量子; quantum)는 짝을 지어 모여 있는 것을 말하며, 작은 집합 또는 작은 집합 단위를 말한다. 뭉치(bundle), 꾸러미(package), 덩어리(mass) 또는 묶음(cluster), 다발(bunch) 등으로 불리며, 다른 집단과 분리되어 독립적으로 형성된 집합체로 생각되는 단위량을 말한다. 입자는 한 개 한 개를 개별 물리량 단위로 인식하므로 단수(單數) 단위의 개념이라면, 양자는 집합 단위를 하나의 물리량 단위로 인식하므로 복수(複數) 단위의 개념이라고도 할 수 있다. '양(量)' 이라는 단어 자체가 복수의 개념을 담고 있는 단어이다.

주가 운동에 이를 적용시킨다면 캔들 한 개 한 개를 개별 단위로 보고 계산하는 시간론은 입자론에 해당하고, 캔들을 음봉과 양봉으로 구분한 후 음봉과 양봉이 뭉쳐 있는 묶음을 하나의 단위로 세는 파동론은 양자론에 해당한다.

연속 에너지와 띄엄띄엄한 에너지

캔들을 셀 때 음봉과 양봉의 구분 없이 세는 시간론은 주가의 운동 에너지를 연속 에너지 개념으로 파악하는 것이다. 그러나 캔들을 음봉과 양봉으로 구분한 후 색깔로 구분되는 음봉과 양봉의 뭉치를 독립된 개별 운동 단위로 파악하는 양자파동론은 주가운동을 간헐적인, 즉 양자화(量子化)된 에너지 개념으로 파악하는 것이다. 왜냐하면 각각의 음봉 묶음은 좌우의 양봉 묶음에 의해 간헐적으로 형성되고, 양봉 묶음은 좌우의 음봉 묶음에 의해 간헐적으로 형성되기 때문이다.

에너지 양자(energy 量子)… 양봉 양자(陽棒量子)와 음봉 양자(陰棒量子)

주가운동 에너지를 측정하기 위해 캔들의 색깔에 의해 캔들을 양봉과 음봉으로 구분하면 각각의 음봉과 양봉의 뭉치들은 상대방에 의해 간헐적인 상태로 형성되는데, 이렇게 간헐적으로 형성되는 양봉과 음봉의 묶음을 '에너지 양자'라고 부른다. 주가운동 에너지를 음봉 단위와 양봉 단위로 구분하여 양자화시켜 주가운동에 작용하는 기본 원리를 설명하는 이론이 주가운동의 양자론이다. 이때 양봉의 집합 단위를 양봉 양자(陽棒量子)라고 하고, 음봉의 집합 단위를 음봉 양자(陰棒量子)라고 한다.

양자물리학(量子物理學)과 주가양자론(株價 量子論)

양자물리학은 빛 에너지를 분석하는 과정에서 탄생한 이론인데 빛이 지구에 도달하는 복사 에너지는 전자기파이며, 전자의 운동을 기술할 때는 주양자수, 부양자수, 자기양자수, 스핀양자수 등의 개념을 통해야 제대로 된 묘사가 가능하다는 이론이다. 양자물리학은 극미세계인 아원자 상태의 운동을 분석할 때 사용되는 이론이고, 주가양자론은 눈에 보이지 않으면서도 주가운동의 이면에서 가장 근원적으로 작용하는 심리운동을 캔들의 음양을 기준으로 한 집단화된 움직임에 대해 분석하는 이론이다.

상대론적 양자역학과 주가운동의 상보성(相補性)

주가가 상승하고 하락하는 운동을 하는 이면에 작용하는 원리는 상대론과 양자론이다. 주가 하락과 주가 상승은 서로에게 상보적으로 영향을 미치고 주가 하락기와 주가 상승기의 내부 운동에서도 양봉과 음봉의 운동이 상보적으로 영향을 미친다.

양자도약(量子跳躍)과 주가운동… 하락합 상승(下落合 上昇)과 상승합 하락(上昇合 下落)

주가 상승은 주가 하락에 대한 반작용으로 움직이는 것이고, 반대로 주가 하락도 주가 상승에 대한 반작용으로 움직인다. 반작용이란 주가운동이 방향을 바꾸어서 상호 작용한다는 의미이다. 양자물리학에서 양자도약(quantum jump)이라는 개념은 전자가 에너지를 흡수하면서 들뜬 상태가 되고 에너지를 방출하면서 바닥 상태가 된다는 이론이다. 전자의 에너지 준위 변화가 양자화된 도약을 일으키므로 양자도약이라고 한다.

주가가 흥분 상태가 될 때, 즉 상승할 때 흡수하는 에너지는 최근 주가가 하락할 때 형성된 하락에너지이고, 주가가 바닥 상태가 될 때, 즉 하락할 때 방출하는 에너지는 최근 주가 상승기에서 형성된 상승 에너지이다. 즉, 하락에너지가 방향을 바꾸어서 상승 에너지의 근본 원인으로 작용하고, 상승 에너지가 방향을 바꾸어서 하락에너지의 원천으로 작용한다는 것이다.

주가가 크게 하락할 때는 최근 주가 상승시 형성된 복수의 상승 에너지를 더한 것이 그 원인이 되고, 주가가 크게 상승할 때는 최근 주가 하락시 형성된 복수의 하락에너지를 더한 것이 그 원인이 된다. 전자를 '상승합 하락운동' 이라고 하면 후자를 '하락합 상승운동' 이라고 한다.

흥분 상태와 바닥 상태… 상승 에너지와 하락에너지

〈그림 66〉은 한국 코스피 지수 2008년 10월 27일 892.16 바닥을 전후한 급등락 움직임을 나타낸 일간 차트이다. 〈그림 66〉에서 B와 D는 흥분 상태이며, A와 C와 E는 바닥 상태이다. 흥분 상태에서 주가가 천정을 형성한 경우 기존의 흡수한 에너지를 방출하고 바닥 상태로 내려가는데, 이는 양자물리학에서 원자와 전자의 행동 양식을 설명할 때 쓰는 용어이다. D 에서 E까지 주가가 하락하면서 방출한 하락에너지는 A바닥에서 B천정까지 상승할 때 흡수

한 상승 에너지와 C바닥에서 D천정까지 상승할 때 흡수한 상승 에너지를 합한 것이다. 하락 추세가 진행되는 과정에서 2개의 작은 반등 에너지를 합한 것이 방향을 바꾸어 하나의 큰 하락에너지로 전환되는 경향을 보인다.

입자(粒子)와 양자(量子)… 주가운동 에너지의 측정 방법

입자(粒子)는 캔들의 개별 운동을 계산하는 것이며, 이를 시간론(時間論)이라고 한다. 양자(量子)는 캔들의 집합 운동을 계산하는 것을 뜻하며, 이를 양자론(量子論)이라고 한다. 양자파동이론은 캔들의 색깔별 집합 운동의 결과를 모두 모아 계산하는 것을 말한다.

입자(粒子)=캔들… 양(陽)의 캔들과 음(陰)의 캔들

주가 운동 에너지는 상승 에너지와 하락에너지로 구분되는데, 주가 상승기에는 거래자들의 심리가 흥분 상태이고 주가 하락 상태에서는 거래심리가 바닥 상태가 된다. 주가운동 에너지를 측정하는 방법은 두 가지인데, 첫째는 캔들 색깔을 구분하지 않는 캔들 알갱이를 세는 방법이 있고, 둘째는 캔들이 색깔별로 모여 있는 집합 단위, 즉 양자(量子)를 세는 방법이

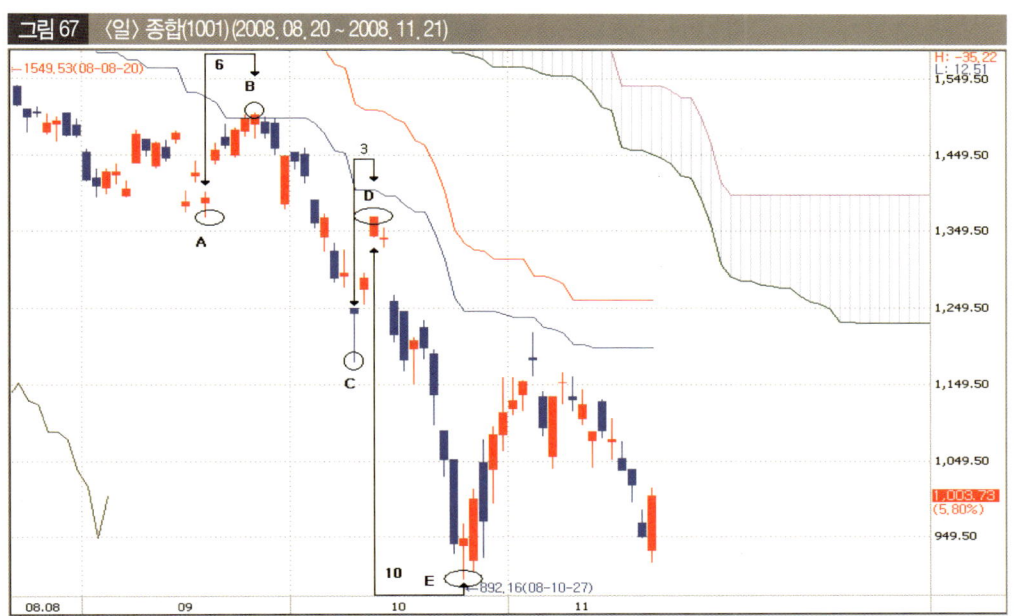

그림 67 〈일〉 종합(1001) (2008. 08. 20 ~ 2008. 11. 21)

있다.

〈그림 67〉에서 A바닥에서 B천정까지 상승 에너지는 6캔들이고, C바닥에서 D천정까지 상승 에너지는 3캔들이며, D천정에서 E바닥까지 하락에너지는 10캔들이다. 반등 에너지 6개와 3개가 합한 것이 방향을 바꾸어 10개의 하락에너지로 전환된 것으로 볼 수 있다. 6개와 3개를 더하면 9개인데, 하락에너지가 10개로 된 것은 E바닥이 장중 저가 바닥이고 실제 종가 바닥은 E바닥 하루 전, 즉 D천정에서 9캔들에 해당하는 날에 형성된 것으로 볼 수 있으므로 허용 가능한 오차 범위가 된다. 펀드 투자의 경우 종가를 기준가를 계산하므로 E바닥, 즉 장중 바닥보다는 E바닥 하루 전, 즉 종가 바닥이 더욱 의미 있는 바닥이 된다.

주가운동 에너지를 입자론적으로 접근할 때는 캔들의 음봉과 양봉을 구분하지 않고 캔들 수 합계를 계산한다. D천정에서 E바닥까지 하락에너지는 음봉 6개와 양봉 4개 합하여 10개의 캔들로 계산된다. 하락 추세 진행 과정에서는 내부 음봉수가 전체 캔들수의 0.618 정도 구성되는 경향을 보인다. 〈그림 67〉에서 하락하는 전체 캔들수 10개 대비 음봉수 6개는 60% 수준이다.

양자(量子)=캔들의 집합… 양(陽)의 양자(量子)와 음(陰)의 양자(量子)

〈그림 68〉을 보면 사각형 A 안에서는 양봉 3개가 뭉쳐 하나의 집합 단위를 이루고 사각형 B 안에서는 1개의 양봉이 하나의 집합 단위가 된다. 양봉이 1개인 경우에도 하나의 집합 단위로 간주한다. 양의 양자, 즉 양봉 양자는 좌우의 음봉에 의해 분리된 양봉의 집합체, 즉 양봉 그룹 또는 양봉 블록(bloc)을 뜻하기 때문이다. 캔들 1개로 구성된 양자를 단일 양자(單一 量子), 2개 이상의 캔들로 구성된 양자를 복수 양자(複數 量子)라고 한다. B는 단일 양자이고,

A와 C는 복수 양자이다.

사각형 C 안에는 양봉이 2개가 있는데, 이렇게 양봉의 뭉치를 음봉의 뭉치와 분리시켜 관찰하면 3개의 양(陽)의 양자(量子) 내부의 양봉의 개수가 3개에서 1개로 그리고 2개로 변화하는 것이 뚜렷하게 관찰된다. 양봉 반등의 숫자가 3개에서 1개로 축소되면 줄어든 양봉 2개가 다음 바닥인 C에서 나타날 가능성을 추정하는 것이다. 이런 패턴을 상승차 상승(上昇差 上昇)이라고 한다. 그리고 C와 같이 실제로 양봉 반등이 B의 1개에서 C의 2개로 1캔들 증가할 경우 증가한 양봉수가 1캔들이므로 2양봉 익일 1음봉으로 바닥을 형성하면 새로운 상승세가 형성된다. 이 패턴은 상승차 하락(上昇差 下落)이다.

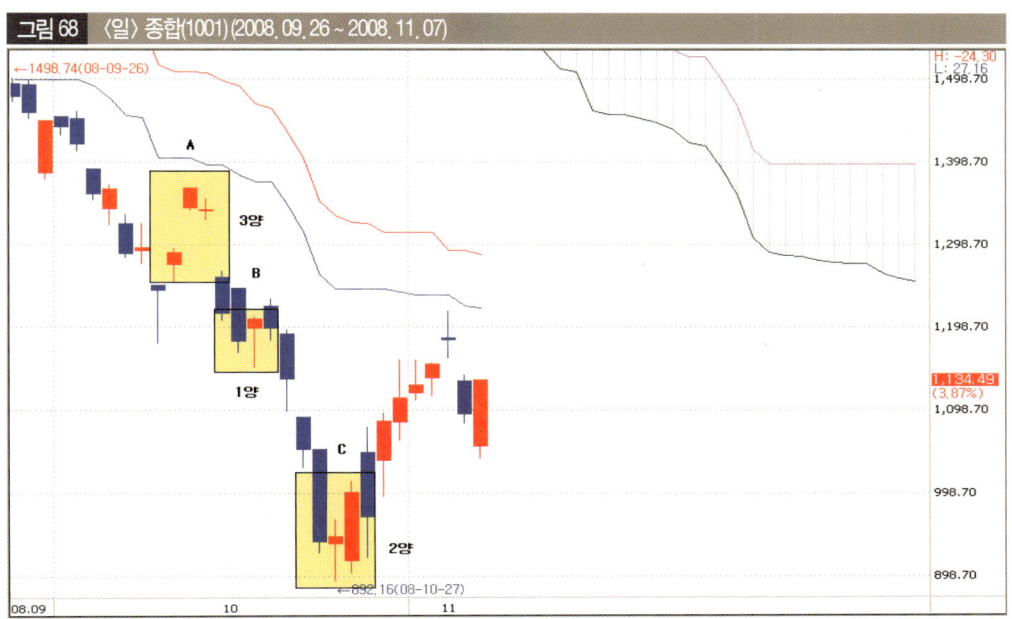

주식 거래는 '도로 팔기' 아니면 '도로 사기' 게임이다

〈그림 68〉이 양의 양자를 그린 것이라면 〈그림 69〉는 음(陰)의 양자(量子)를 그린 것이다. 사각형 A 안에서는 음봉이 2개가 모여 1개의 음의 양자를 형성하며, 사각형 B 안에서는 음봉 4개가 모여 1개의 음의 양자를 구성한다. A에서 B로 진행하면서 양자를 구성하는 음봉의 수가 2개에서 4개로 두 배 증가하는 모습이다. 음의 양자 내부의 음봉 개수가 증가하는 것이 하락 추세의 특징이다.

왜 B 음봉 양자에서는 음봉의 개수가 4개로 구성될까? 이것은 A 음봉 양자 직전 양봉 양자에서 양봉의 개수가 3개이고, B 음봉 양자 직전 양봉 양자에서 양봉의 개수가 1개인 것과 관련이 있다. 양봉 3개와 양봉 1개의 합이 양봉 4개이다. 가까운 거리에서 양봉 양자 단위로 2번 공격적으로 매수한 거래자들이 손절매를 한 결과가 B 음봉 양자 단위의 음봉 4개가 된

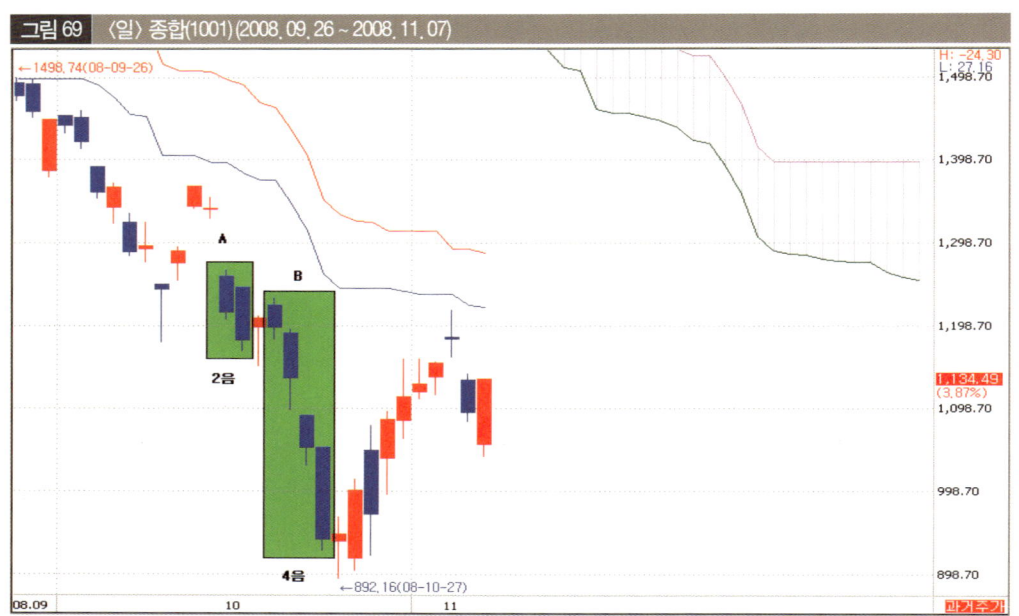

것이다. 이 패턴은 양자론적 관점에서 상승합 하락(上昇合 下落)이다. 주식 거래는 '도로 팔기' 아니면 '도로 사기' 게임이다. 잘못 매수했다고 판단되면 즉시 손절매하는 거래자들이 많은 게임이다.

상승합 하락(上昇合 下落)과 하락합 상승(下落合 上昇)

〈그림 70〉은 〈그림 68〉과 〈그림 69〉에서 2번에 걸쳐 기술한 양봉 양자와 음봉 양자를 한 차트에 표시한 것이다. A양봉 양자의 양봉 3개와 C양봉 양자의 양봉 1개를 더하면 양봉 4개가 되는데, 이것이 D음봉 양자에서 음봉 4개로 변화하면서 바닥이다. 상승합 하락(上昇合 下落)이다. 이것은 '다시 팔기 게임'이다. 즉, 매수했다가 상황이 아니다 싶을 경우 다시 매도하는 게임이다.

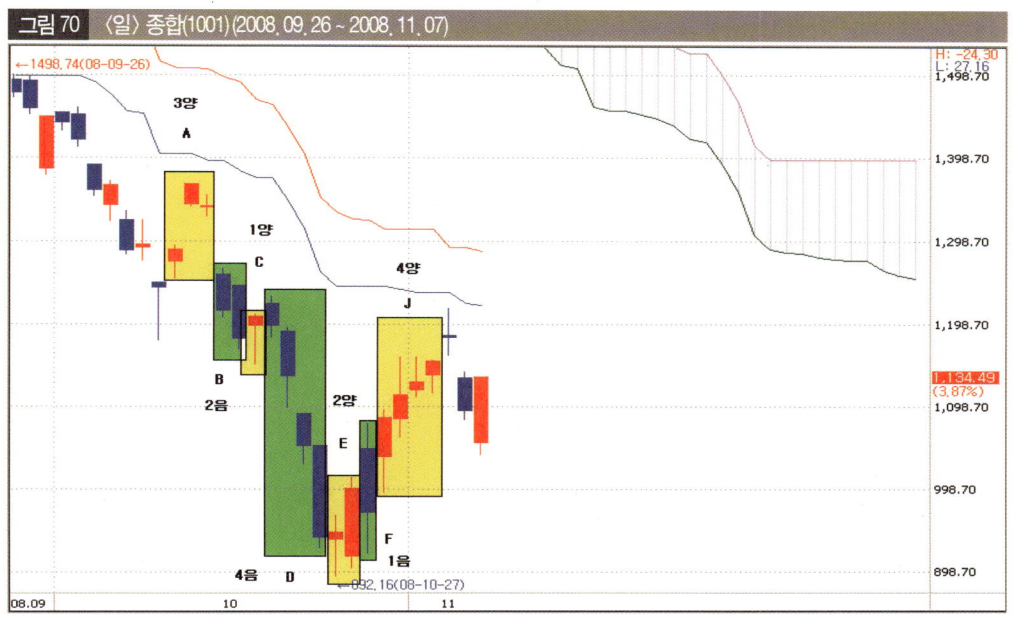

B음봉 양자의 음봉 2개와 D음봉 양자의 음봉 4개를 더하면 음봉 6개가 되는데, 이것이 E 양봉 양자의 양봉 2개와 J양봉 양자의 양봉 4개 모두 합하여 양봉 6개로 전환되면서 천정이 다. 하락합 상승(下落合 上昇)이다. 이것은 '다시 사기 게임'이다. 즉, 매도했다가 상황이 아 니다 싶을 경우 다시 매수하는 게임이다.

흥분 상태에서는 에너지를 방출하여 바닥 상태가 되다

에너지가 낮은 상태로 내려갈 때나 높은 상태로 올라갈 때는 에너지를 방출하거나 흡수한다. 주가운동에서 운동 에너지는 일차적으로 캔들의 수에 의해 결정되므로 캔들의 숫자를 반복적으로 세어보는 것이 요령이다.

입자론적 접근(粒子論的 接近)

하락 추세에서 형성되는 단기 반등 이후에는 단기 반등보다 큰 하락이 진행된다. 반등보다 큰 하락을 추정하는 방법은 두 가지가 있는데, 상승과 하락을 단순하게 비교하는 방법과 복합적으로 비교하는 방법이다. 단순 비교하는 경우에는 반등 캔들수 대비 하락 캔들수의 비율을 참고로 하는 것이 유용하다. A바닥에서 B천정까지 6캔들 상승 대비 B천정에서 C바

닥까지 하락수 11캔들은 1.83배 확장이고, C바닥에서 D천정까지 3캔들 대비 D천정에서 E 바닥까지 10캔들 하락은 3.3배 확장이다.

　복합적으로 추정하는 방법은 가까운 반등 천정에서 나타나는 반등 캔들 수를 더한 것 정도를 다음 하락 캔들수로 추측하는 것이다. A바닥에서 B천정까지 6캔들 상승과 C바닥에서 D천정까지 3캔들 상승 천정 이후 직전 바닥이 붕괴되면서 하락 추세가 진행될 경우에는 D천정에서 3캔들과 6캔들을 합한 9캔들 정도를 새로운 하락의 크기로 예측해보는 것이다.

　적정한 예측치를 가지고 있어야 실제의 하락이 적정 예측치보다 약한 하락인지 강한 하락인지를 판단할 수가 있다. 적정 하락보다 초과 하락하는 경우는 장중 약세에서 종가 강세로 반전되면서 급상승하는 바닥이 형성되는 확률을 노린 공격적 매수세가 형성되는 경우가 빈번하다. 〈그림 71〉의 E바닥이 그러한 경우로서 6캔들 반등과 3캔들 반등을 합한 9캔들 하락보다 1캔들 추가 하락한 10캔들 하락 상태에서 장중의 약세에 과감하게 베팅한 매수세에 의해 급상승 바닥이 형성된 것이다.

입자론적 접근(粒子論的 接近)… 세밀한 접근

〈그림 72〉는 〈그림 71〉에서 조금 큰 규모로 본 것을 좀 더 세밀하게 본 그림이다. A바닥에서 B천정까지 3캔들 상승과 C바닥에서 D천정까지 2캔들 상승시 흥분한 매수 거래자들의 매수세가 D천정에서 E바닥까지 공포의 5캔들 투매 바닥으로 전환된 것을 보여준다. 주식 투자는 확률 게임이다. 다만 성공 확률을 높이기 위해서는 베팅의 이면에 탄탄한 논리가 뒷받침되는 것이 필요하다.

그림 72 〈일〉 종합(1001)(2008. 09. 16 ~ 2009. 01. 08)

양자론적 접근(量子論的 接近)

〈그림 73〉을 보면 A음봉 바닥 이후 나타나는 양의 양자가 내포하는 양봉 캔들의 숫자는 3 개이다. 이것이 B천정으로 표시되어 있다. 양의 양자 내부에 양봉이 복수이므로 복수 양자 이다. 그리고 C천정으로 표시된 부분은 양의 양자가 1개이므로 단일 양자이다. 흥분 상태의 매수 에너지의 합이 3개의 양봉과 1개의 양봉을 합한 4개의 양봉으로 나타나므로 주가가 하 락할 때는 흡수한 양봉 에너지 4개를 방출하여 바닥 상태가 된다. 양봉 에너지 4개가 방출된 바닥은 C천정에서 음봉 4개가 형성된 위치가 되므로 D가 적정한 바닥이 된다.

〈그림 71〉과 〈그림 72〉 그리고 〈그림 73〉을 종합적으로 판단하면 D에서 바닥이 형성되 는 논리를 과학적으로 파악할 수가 있을 것이다. 기술적 분석은 거래자들의 심리 상태를 차 트로 분석하는 것이다. 그러므로 뚜렷한 논리를 가지고 과거 차트를 분석하면 현재 위치가

가지는 함축적인 의미를 이해하는 데 큰 도움이 될 것이다.

과거 바닥에서 형성된 논리를 통하여 현재에 대한 이해와 미래에 대한 추정이 가능하므로 차트는 기출 문제집에 해당하는 것이다. 기출 문제집을 반복적으로 풀어보는 학생이 성적이 잘 나오는 것은 당연한 일이다.

캔들의 음양(陰陽)과 양자론(量子論)

상하차 상승(上下差 上昇)

　하락 추세에서는 음봉의 힘이 강력하여 작은 숫자의 음봉으로 많은 숫자의 양봉을 제압하는 현상이 나타난다. 이 같은 경우 지나치게 강한 힘으로 음봉이 양봉을 억누른 반작용이 나타난다. 사각형 A 내부에 양봉 3개가 1개의 양봉 양자를 구성하고 있는데, 이것을 사각형 B 음봉 양자 내부의 음봉 1개가 양봉 3개를 장악하고 음봉 1개가 추가되어 연속 음봉 2개가

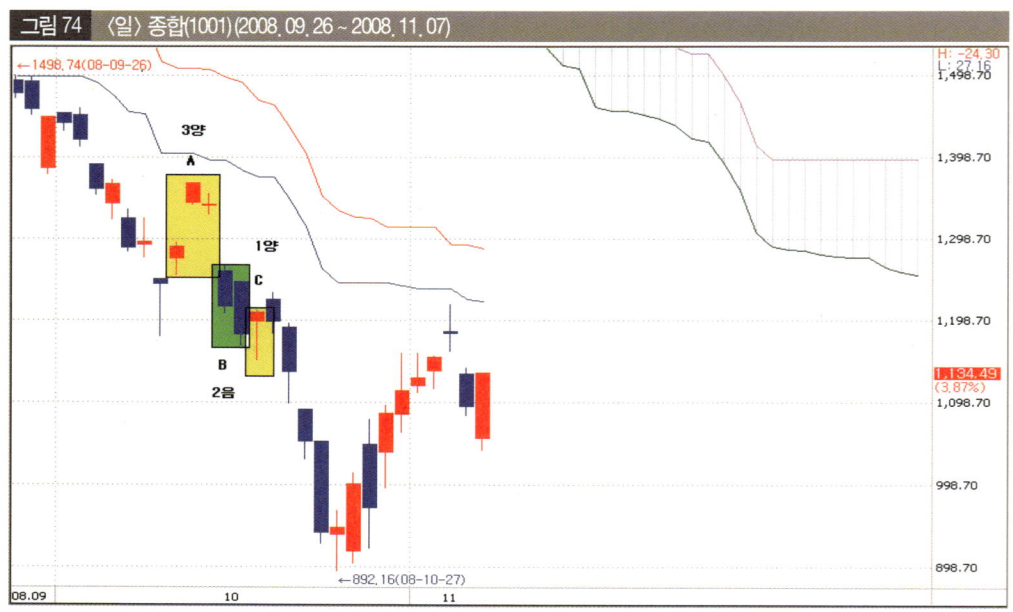

그림 74　〈일〉종합(1001)(2008.09.26 ~ 2008.11.07)

형성되었다. 이 경우 양봉 3개의 매수심리가 음봉 2개의 매도심리에 잠식된 부분을 빼면 1개의 매수심리가 잔존하고 있는데, 이것이 C에서 1개의 양봉으로 구성된 양봉 양자로 발현된 것이다. 매도 세력이 매수 세력에 비해 강한 힘을 가지고 있는 상태에서 잔존 상태의 매수심리가 C에서 미약하게 보이는 1개의 양봉으로 발현되고 나면 시장은 다시 강력한 매도세를 의식하는 상태가 되기 쉽다.

상하합 하락(上下合 下落)… 선취매의 효과

주식 거래는 매도했다가 다시 매수하거나, 매수했다가 다시 매도하는 두 가지 경우로 크게 나눌 수 있다. 직전 바닥이 붕괴되면 최근 매수한 거래자들은 매도를 생각하게 되는데, 〈그림 74〉에서 C양봉 바닥이 붕괴되는 경우 매도를 생각하게 되는 거래자들은 〈그림 75〉의 사각형 A에서 3개의 양봉과 사각형 B에서 2개의 음봉에 해당한다.

3개의 양봉은 공격형 매수자이고 2개의 음봉은 수비형 매수자들이다. 양봉 3개와 음봉 2개를 더한 5개 캔들이 모두 음봉이 되는 위치가 손절매가 완료된 상태가 된다. 사각형 C 내부의 4개 음봉 익일 장중 시가보다 하락 시점이 음봉 5개 위치가 되는데 선취매에 의해 D바닥이 형성되었다. 선취매란 음봉 5개 시점에서 손바꿈이 완료되므로 익일부터 상승할 것으로 생각하는 매수자들이 많을 경우 장중 음봉에서 종가 양봉으로 변하면서 예상되는 음봉

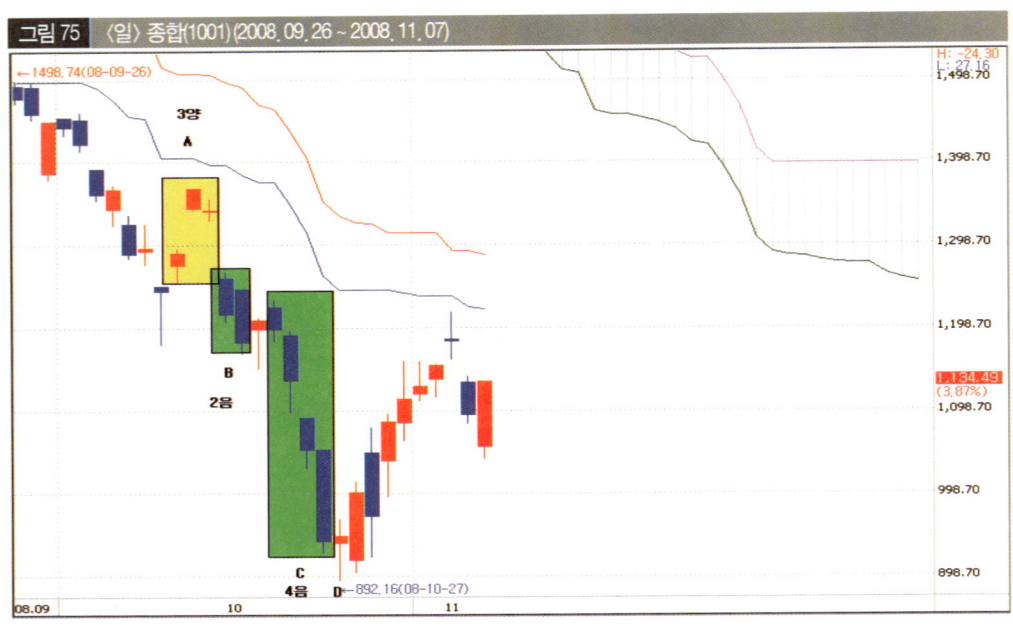

그림 75 〈일〉 종합(1001) (2008.09.26 ~ 2008.11.07)

이 1개 사라지는 효과를 말한다. D바닥에서 2개의 연속 양봉 익일 나타난 음봉이 사라진 음봉의 충족으로 보면 익일 시가부터 시작되는 급등을 이해하는 데 도움이 될 것이다.

하상합 하락(下上合 下落)… 되먹임의 효과

〈그림 76〉에서 최근 매수하여 평가손 상태에 있는 거래자를 분류하는 방법은 사각형 A 내부의 음봉 2개를 하락시 매수자로 보고, 사각형 B 내부의 양봉 1개를 상승시 매수자로 보는 것이다. 음봉 2개와 양봉 1개를 더한 캔들 3개 모두 음봉이 되는 시점을 손바꿈이 완료되는 시점으로 본다. 그러나 실제로 사각형 C 내부의 음봉수는 4개로서 음봉수 위에서 3개 종가 위치는 바닥 양봉 연속 2개 익일 음봉 시가 위치에서 본전 매도에 의한 저항으로 작용하는 것이 관찰된다.

이러한 현상을 되먹임이라고 하는데 음봉 캔들 2개와 양봉 캔들 1개를 더한 3개 음봉 캔들에 원래의 음봉 2개 또는 양봉 1개를 추가로 작용시키는 것이다. 예를 들면 음봉 2개 + 양봉 1개를 더한 후에 다시 양봉 1개를 추가할 경우 음봉 4개에서 바닥이 출현하는 것이고, 음

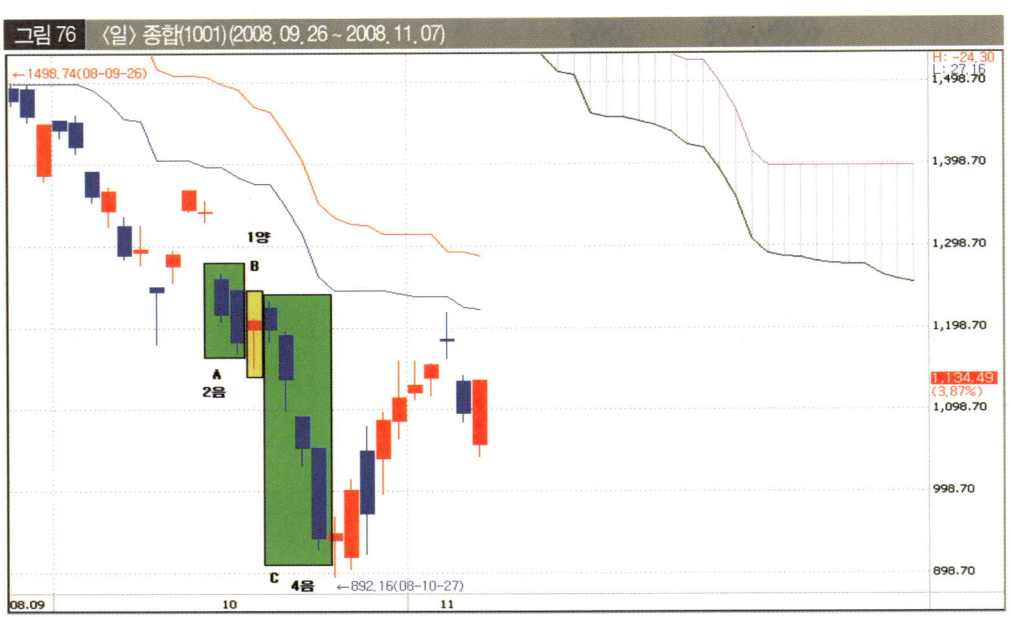

봉 2개 + 양봉 1개를 더한 후에 추가로 음봉 2개를 더하는 경우 음봉 5개에서 바닥이 출현하는 것이다. 〈그림 76〉에서는 음봉 4개 익일 장중 하락하여 음봉 5개를 충족시킨 상태에서 선취매가 작용하여 종가 기준으로는 연속 음봉 4개로 바닥을 형성한 것이다.

하락합 하락(下落合 下落)…2합 확장과 3합 확장

음봉은 매도세를 나타내는데 사각형 D의 음봉 1개와 사각형 A의 음봉 1개가 결합하여 사각형 B의 음봉 2개가 된 것으로 본다. 이는 매도 심리가 강화되는 것을 의미하며 가까운 두 군데 음봉 양자가 결합하여 제 3의 보다 큰 음봉 양자가 형성된 것이다. 그래서 A의 음봉 1개와 B의 음봉 2개를 더하면 음봉 3개가 되는데, 실제로는 C에서 음봉이 4개 형성된다. 초과된 1개의 음봉은 D의 음봉이 추가된 것으로 볼 수 있다. 이 경우는 연관된 3군데 음봉 양자 내의 음봉수를 모두 합하여 새롭고 보다 강력한 음봉 양자가 형성되는 것이다.

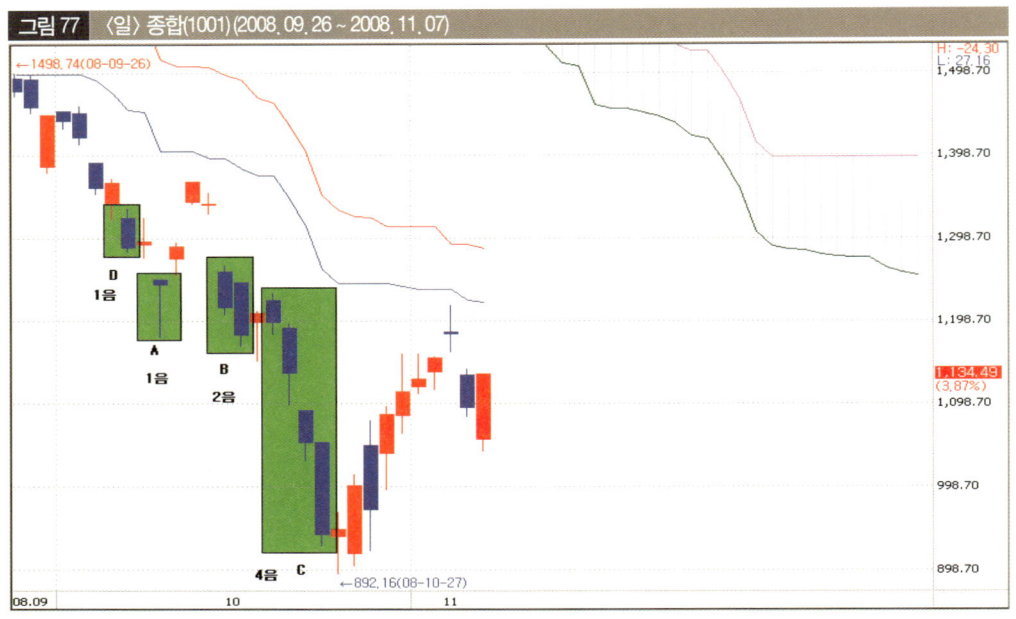

하락 되먹임

〈그림 78〉에서는 하락합 하락에서 되먹임이 나타나는 패턴을 분석한 것이다. A에서 1개의 음봉과 B에서 1개의 음봉이 결합하여 2개의 음봉이 형성되고, 그에 추가하여 A의 1음봉이 다시 작용하여 C에서 4개의 음봉이 나타난 것이다. E에서 1개의 음봉과 F에서 1개의 음봉을 더하면 2개의 음봉이 되는데, 그에 더하여 E의 1음봉을 다시 작용시켜 3개의 음봉이 G에서 형성되는 것이다. 하락 추세가 가속되는 과정에서는 되먹임이 빈번하게 나타나는 점을 자신의 거래에 반영시키는 것이 필요하다.

상승합 하락(上昇合 下落)… 흡수한 에너지를 방출하고 바닥 상태가 된다

하락 추세에서 상승하는 것은 흥분 상태에서 매수한 것을 의미한다. 흥분 상태에서 매수한 것은 에너지를 흡수한 것이므로 흡수한 에너지를 방출하면서 다시 바닥 상태로 되는 것이 자연스럽다. 사각형 A에 포함된 3개의 양봉과 사각형 B에 포함된 1개의 양봉이 흥분 상태에서 흡수한 에너지이므로 양봉 3개와 음봉 1개를 더한 4개의 캔들이 음봉으로 전환된 시점이 흥분 상태에서 흡수한 에너지를 방출한 신호가 된다. 그러므로 사각형 C에서 음봉 4개로 바닥이다.

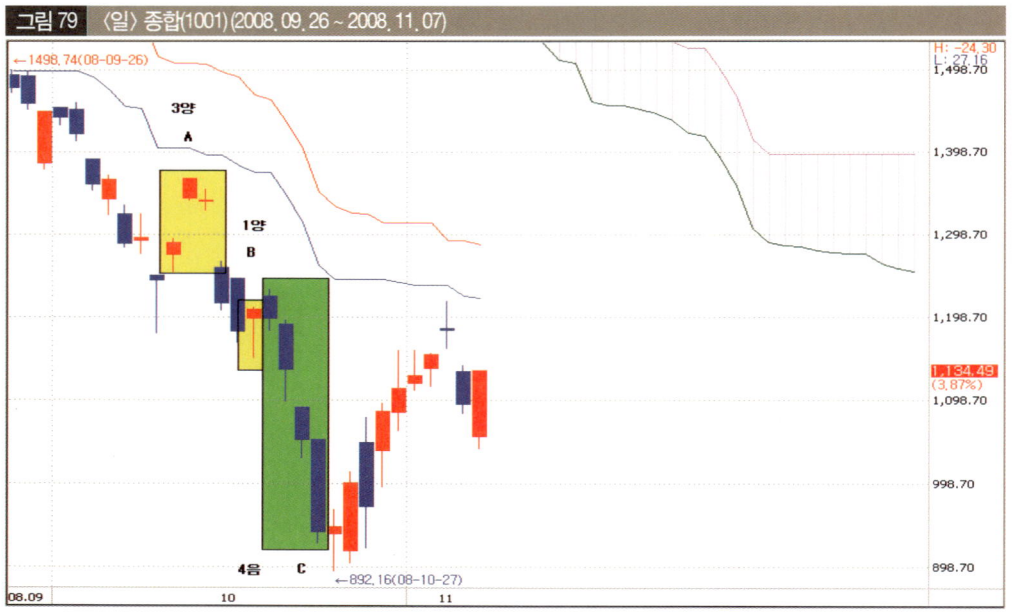

상승차 상승(上昇差 上昇)… 상승 확장에서 상승 축소

하락 추세가 진행되는 과정에서는 반등 양봉의 숫자가 증가한 상태에서 새로운 천정이 형성되고 다시 급격한 하락이 진행되는 상태가 빈번하게 나타난다. 이 경우 천정 이후 바닥에서 확장된 양봉수만큼 반등이 진행되려는 경향이 생긴다. A에서 1양봉이 B에서 3양봉으로 2양봉이 증가한 상태로 천정을 형성하고 급락한 다음 3양봉과 1양봉의 차이, 즉 2양봉이 출현하려는 경향을 보이는데, C에서 1양봉 익일 시가 상승 출발시 2양봉이 시현된 상태이므로 경계 매물이 출회되기 시작한다. 왜냐하면 시가에 상승 출발하여 형성된 양봉이 종가까지 유지된다는 보장이 없기 때문이다.

경계 매물이 집중 출회되면 시가는 양봉이나 시가보다 약간 추가 상승하는 시점부터 매물이 출회되기 시작하여 종가는 음봉이 되는 경우가 빈번하다. 이 경우는 매물이 매물을 부

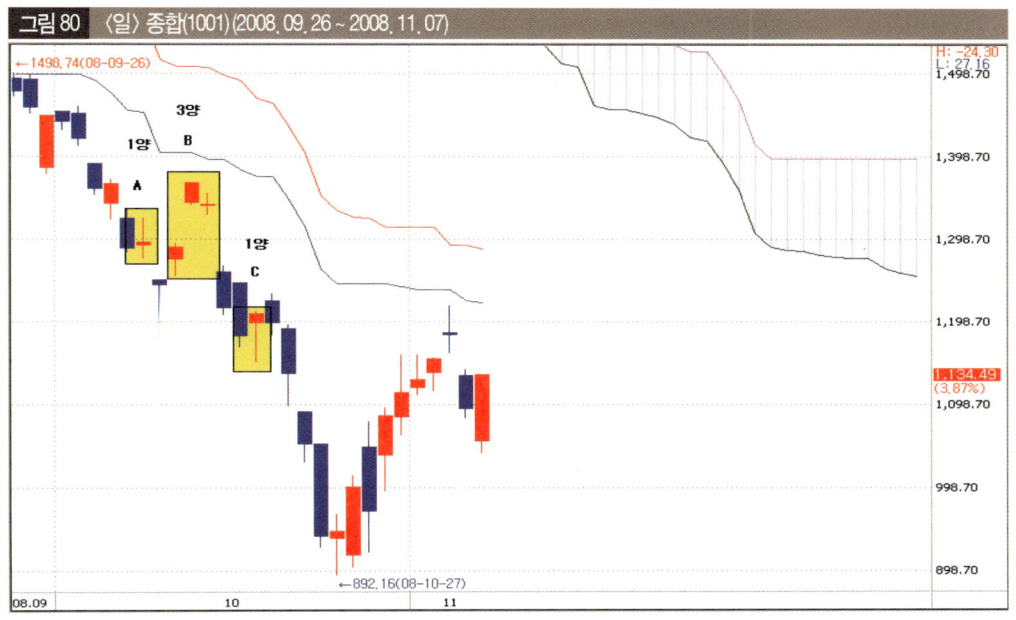

르는 연속 급락의 가능성에 유의해야 한다. 상승차 상승 패턴에서 1양봉 미달 상태로 직전 바닥 붕괴되어 급락이다.

상승차 상승··· 상승 축소에서 상승 확장

〈그림 81〉은 사각형 A의 3양봉 천정에서 사각형 B의 1양봉 천정으로 상승 축소 패턴이다. 상승 축소 패턴에서 양봉 3개와 양봉 1개가 모두 4개의 음봉으로 변한 상승합 하락으로 바닥이 형성된 후 나타난 반등이 C에서 2양봉 천정이다. 3양봉에서 1양봉으로 축소되면서 감소된 2양봉이 발현되는 것이다.

상승합 하락에서 상승차 상승이다. 그러므로 2양봉 익일 고가 매물 형성으로 음봉 천정이다. 이것이 돌파되면 바닥 공감대가 형성된 것으로 간주되어 D천정 위치에서 눌림목 저가

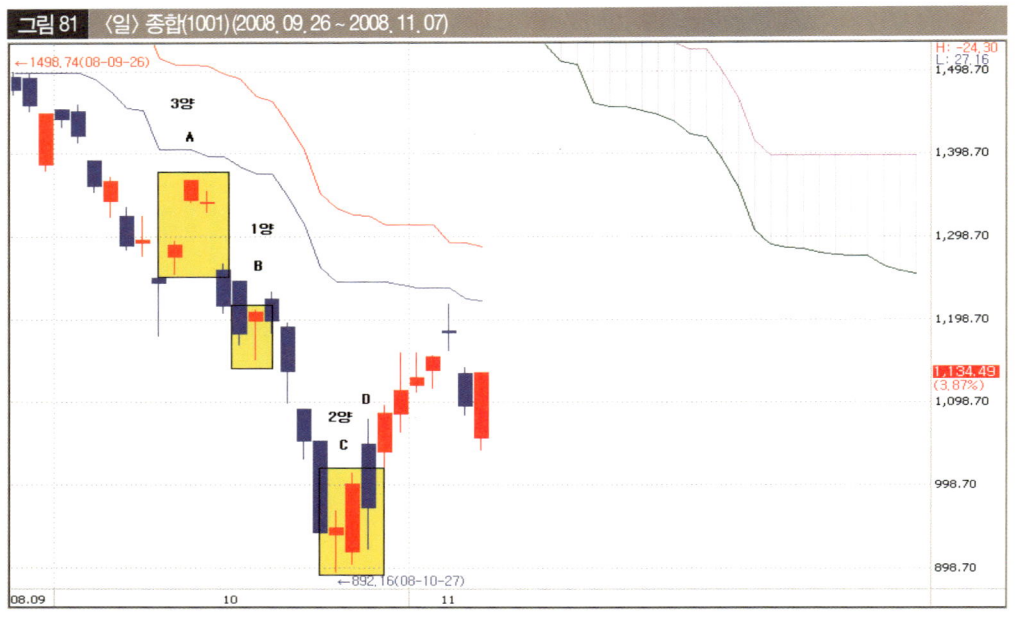

매수세가 형성된 것이 관찰된다. 4양봉 천정에서 2음봉 익일 양봉 저가 위치가 D천정 위치
에 준하는 것이다.

하락차 상승(下落差 上昇)

하락 추세에서는 음봉 개수가 확장되는 것이 일반적이다. 이 경우 음봉이 확장된 바닥에서는 반작용으로 확장된 음봉수만큼 양봉 반등 후 다시 하락 추세가 가속되는 것이 연계된 패턴이다. A에서 1음봉인데 B에서 2음봉이므로 1음봉 초과이다. 따라서 C에서 1양봉 반등 후 하락 가속이 나타나고 있다. 그리고 B에서 2음봉인데 D에서 4음봉이므로 확장된 2음봉에 대한 반작용으로 E에서 2양봉이 출현하고 있다. C에서 1양봉 익일 음봉 이후 연속 음봉 누적이나 D에서는 2양봉 익일 음봉 다음 급등 양봉의 출현으로 추세가 하락에서 상승으로 반전되는 모습이다.

F에서 1음봉이나 G에서 2음봉 바닥으로 1음봉 확장되어 H에서 1양봉 반등 후 3음봉 급락이다. 하락차 상승 후 하락합 하락이다. 그리고 G에서 2음봉이나 J에서 3음봉으로 확장된 1

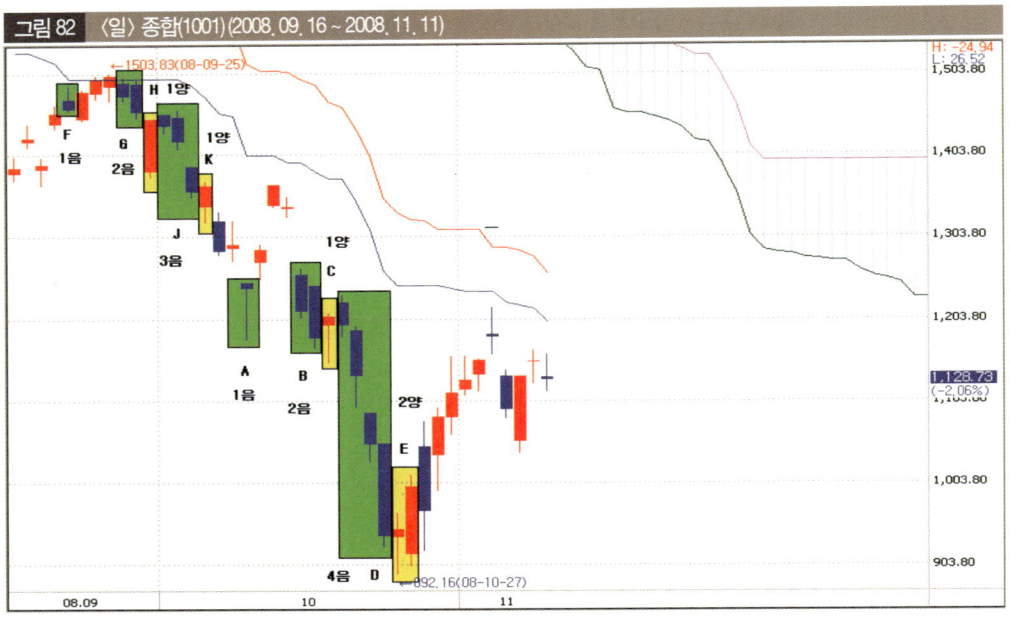

그림 82 〈일〉 종합(1001)(2008. 09. 16 ~ 2008. 11. 11)

음봉에 대한 반작용으로 K에서 1양봉 천정 후 신저가 출현, 그 후 다시 하락 추세 진행이다. H와 K 각각 1양봉에 대한 상승합 하락 원리에 의해 1음, 1음 합하여 추가 2음 바닥에서 반등이 출현한다. 반등시 K 위치가 저항으로 작용한다.

하락합 상승(下落合 上昇)

　주가운동이 하락 추세에서 상승 추세로 반전되기 위해서는 매도한 거래자들이 다시 재매수를 하고, 그 이후 나타나는 하락이 이전 하락과 달리 급락하지 않고 전저점이 지지되는 완만한 하락으로 안착하는 것이 필요하다. A에서 2음봉과 B에서 4음봉 매도자들이 다시 매수한 것이 C에서 6개의 양봉으로 나타난다.

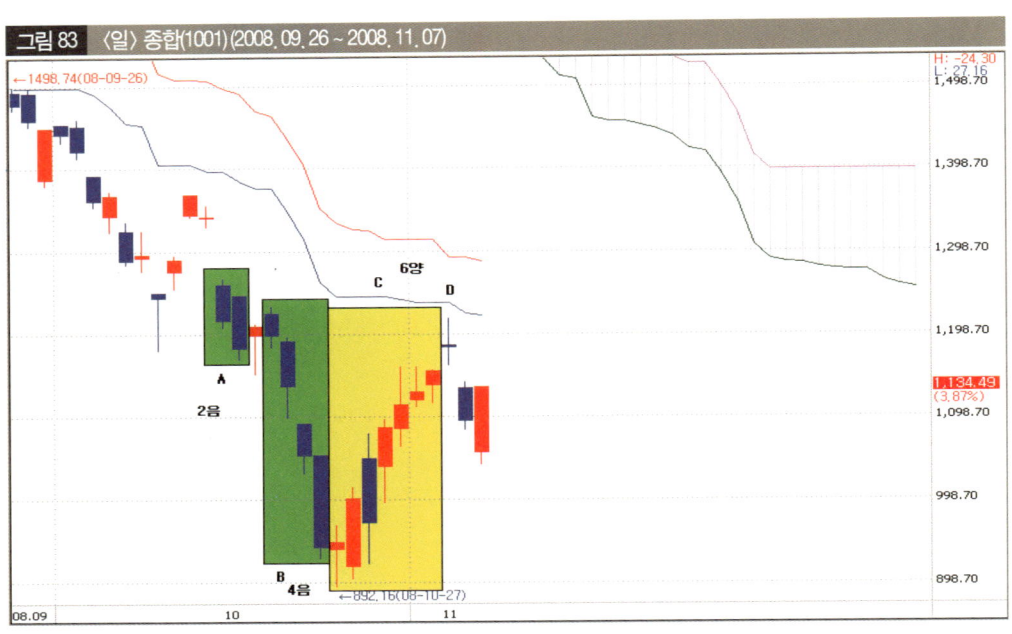

2음봉, 4음봉이 2양봉, 4양봉으로 전환

그런데 〈그림 83〉을 세분화해서 자세히 살펴보면, A에서 2음봉과 B에서 4음봉에 해당하는 6양봉 반등이 6개의 연속된 양봉으로 나타나지 않고 두 부분으로 구성된 것이 관찰된다. 〈그림 84〉에서 나타난 것과 같이 A에서 2음봉과 B에서 4음봉에 해당하는 C의 2양봉과 D의 4양봉으로 대응이 되는 것이다. 이것은 A에서 2음봉으로 먼저 매도한 사람이 바닥에서 C의 2양봉으로 재매수하고, B에서 4음봉으로 뒤늦게 추격 매도한 사람들이 D에서 4개의 양봉으로 추격 매수하여 매도 포지션을 정리한 것을 나타낸다.

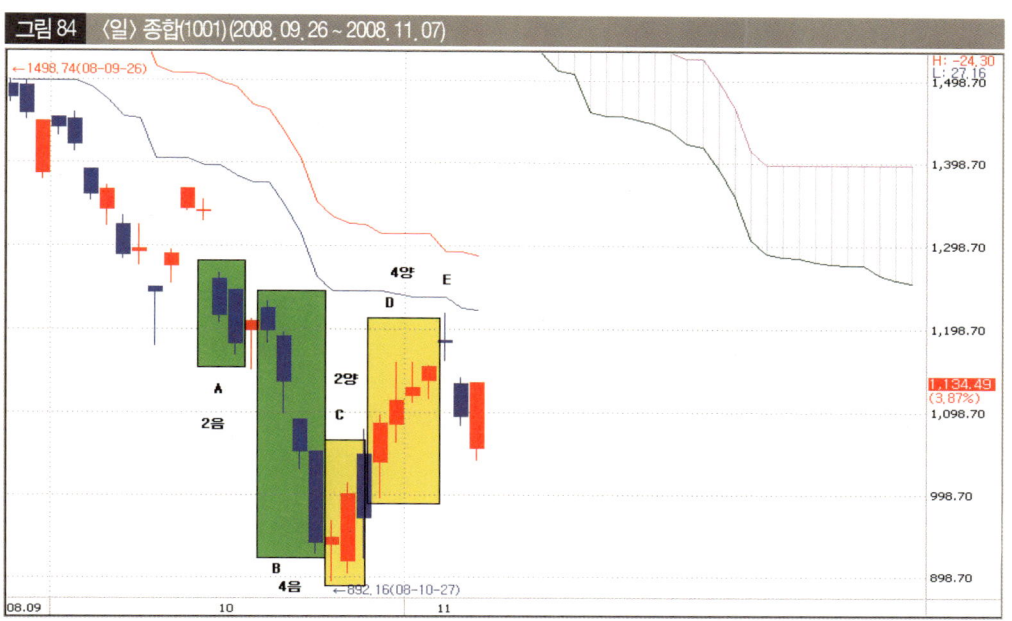

선취 매도의 작용

〈그림 85〉에서 보면 사각형 A에 포함된 4개의 음봉과 사각형 B에 내포된 1개의 음봉에서 매도한 거래자들이 재매수하기 위해서는 4개와 1개를 더한 5개의 양봉이 나타나는 것이 필요하나, C에서는 양봉의 개수가 4개이다. 이것은 C의 연속 4개의 양봉 익일 상승시 5개의 양봉이 충족된 상태이므로 시가 상승 이후 추가 상승하는 시점부터 경계 매물이 출회하여 종가는 음봉이 된 것이다.

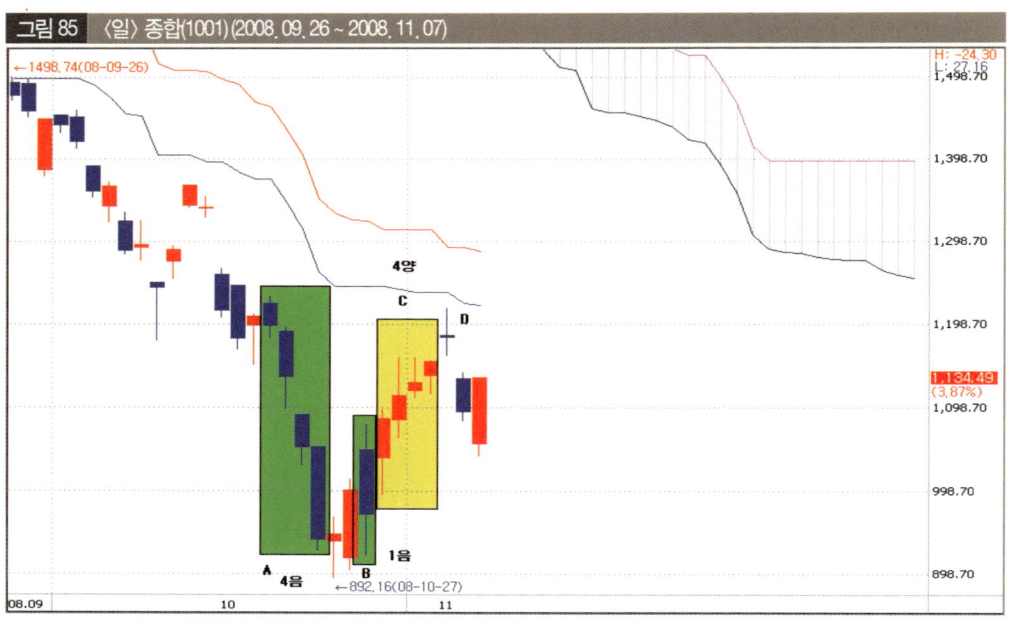

상승합 상승(上昇合 上昇)

주가운동은 약한 데서 시작하여 점차 강화되는 과정을 거쳐 과도하게 진행되는 수준을 밟는 것이 기본 패턴이다. A에서 1개의 양봉이 B에서 2개의 양봉으로 강화되어 C에서 4개의 양봉으로 과도한 상승이 나타난다. A의 양봉 1개와 B의 양봉 2개를 합하면 양봉 3개가 적당하나 1개 또는 2개 캔들이 초과하여 양봉 4개 또는 5개가 되는 것은 초과 상승인 것이다.

초과 상승은 천정 이후 하락에 의해 상쇄되는 것이 일반적이므로 유의해야 한다. C의 4양봉 익일 시가 상승시 매도한 D천정이 5양봉에 해당한다. 그리고 2음봉으로 과도하게 매수된 부분은 상쇄되고 있다. 다만 과도하게 매수된 천정에서 이후 하락이 완만하게 진행된다면 이는 바닥이 형성되었다는 인식이 지배적이다.

상하합 상승(上下合 上昇)

주가 상승 진행 과정은 1차 상승과 1차 반락을 거쳐 2차 상승이 나타나는 것인데, 2차 상승은 1차 상승과 1차 반락을 합한 것 또는 그 이상으로 움직이는 것이 일반적이다. G의 1양과 H의 2음을 더한 것이 J에서 3양으로 나타난 것은 2차 상승이 1차 상승과 1차 반락을 합한 것만큼 상승한 것이며, A의 2양과 B의 1음을 합한 것에 의한 2차 상승이 C에서 4양으로 나타난 것은 2차 상승이 1차 상승과 1차 반락을 합한 것보다 1양봉이 초과 상승한 것이다. 이것은 D의 2음봉과 E의 1양봉을 합한 것이 3음봉인데 F에서 4음봉으로 나타난 것을 뒤집은 형태이다.

그림 87 〈일〉종합(1001)(2008.10.16 ~ 2009.01.08)

상승차 하락(上昇差 下落)

하락 추세가 진행되는 과정에서 반등이 확장되는 경우 그 반작용으로 확장된 상승에 해당하는 부분이 하락으로 전환된다. A에서 2양봉이 B에서 4양봉으로 2양봉 확장이므로 C에서 2음봉 하락하여 초과된 상승을 상쇄시키는 것이다. C바닥이 4양봉 직전 1음봉 바닥을 지지하는 상태이므로 바닥에 대한 개연성을 느끼는 상태이다.

D의 1양봉에서 E의 3양봉으로 2양봉 확장 후 F의 2음봉으로 초과 상승한 2양봉이 상쇄되었다. 그런데 F바닥이 E의 3양봉 직전 1음봉 바닥을 붕괴시킨 상태이므로 반등시 경계 매물이 작용하여 새로운 투매가 형성되는 것과 대비되는 모습이다. 상승 확장으로 전고점이 돌파되고 상승차 하락이 직전 바닥을 지지하는 패턴이 되어야 바닥 확인에 대한 개연성이 형성되는 것이다.

그림 88 〈일〉종합(1001) (2008.09.16 ~ 2009.01.08)

상승차 상승(上昇差 上昇)

주가가 바닥을 확인한 후에 진행되는 상승 패턴은 첫 번째 상승보다 두 번째 상승이 보다 강하고, 세 번째 상승은 두 번째 상승보다 약한 확장~축소 패턴으로 나타나는 것이 일반적이다. 확장 상승의 경우는 상승합 또는 상승합 초과 형태로 나타나고, 축소 상승의 경우는 상승차 상승으로 나타난다. A에서 2양봉이 B에서 4양봉으로 상승 확장 후 B에서 C로 상승 축소인데, C의 2양봉은 B의 4양봉에서 A의 2양봉을 뺀 것이다.

상하차 상승(上下差 上昇)

첫 번째 상승보다 두 번째 상승이 확장된 경우에 세 번째 상승은 다양한 경우가 발생하는데, 그 가운데 대표적인 것이 두 번째 상승 양봉에서 그 이후의 음봉을 뺀 것만큼 양봉이 발생하는 것이다. A의 양봉 4개에서 B의 음봉 2개를 빼면 C의 양봉 2개가 형성된다. 이것은 D의 양봉 3개에서 E의 음봉 2개를 빼면 F에서 양봉 1개로 천정을 형성하는 것과 같다.

상승합 하락(上昇合 下落)

주가가 천정을 형성하고 나면 흥분기에 추격 매수한 거래자들이 매도를 실행하는 과정이 나타난다. A의 2양봉과 B의 4양봉이 흥분 상태의 매수이므로 B천정에서 2양봉과 4양봉을 더한 6음봉이 나타나는 것이 적정하나, 하락 진행되는 과정에서 가속이 나타나면 되먹임이 형성되기도 한다. 되먹임은 2양봉과 4양봉을 더한 것에서 2양봉과 4양봉 가운데 어느 하나를 한 번 더 더하는 것을 말하는데, 일단 작은 숫자인 2양봉이 추가되는 것이 먼저 고려되어야 할 사항이다. B천정에서 D바닥까지 7음봉이고 익일 시가 하락 출발시 1음봉이 추가되어 8개의 음봉, 즉 2개의 양봉과 4개의 양봉에 다시 2개의 양봉을 되먹임한 것이 완성되는데, 이때 시가보다 추가 하락하는 시점부터 매수세가 개입되는 경우 매수세가 강해 형성되다 보면 E바닥과 같이 종가가 양봉으로 형성되는 경우도 빈번하다.

좀 더 세분하여 관찰해보면 A의 4양봉과 B의 2양봉을 더한 6음봉이 실현되는 것이 적정한 조정인데, B천정에서 5음봉에 해당하는 C에서 익일 시가 하락한 상태는 6음봉을 충족하는 상태가 되므로 시가 하락시 또는 시가보다 추가 하락하는 시점부터 저가 매수세가 개입하게 된다. 매수세가 강하게 개입하는 경우 D바닥과 같이 종가가 양봉으로 되는 경우도 빈번하다.

한 번 더 세분하면 A의 2양봉과 B의 2양봉을 합한 4음봉에 해당하는 위치가 C바닥이다. 주가가 천정을 형성한 후 바닥을 형성하는 가장 기본적인 형태는 상승기에 흥분한 추격 매수세가 매도를 실행하여 잠재 매도세가 소화되는 위치까지 조정이 진행되는 것이다.

그리고 마지막으로 바닥에 가장 가까운 위치에서 위의 작업을 실행해보면 A의 2양봉과 B의 1양봉을 더한 3양봉이 3음봉으로 전환되어 손이 바뀐 상태가 C바닥이다. 상승합 하락이라는 단일 주제를 가지고 기준점을 이동시키면서 적용해보면 주가운동의 원리가 뚜렷하게 드러난다.

상하차 상승(上下差 上昇)

〈그림 95〉에서 살펴보는 모델은 〈그림 74〉에 이어 상하차 상승 패턴이다. 상하차 상승 패턴은 하락 음봉수가 상승 양봉수보다 작은 상태에서 반등이 나타날 경우 상승 양봉수에서 하락 음봉수를 뺀 숫자만큼 반등이 출현하는 경우이다. A의 2양봉에서 B의 1음봉을 뺀 1양봉이 C에서 형성된 후 연속 음봉 급락이 출현하고 있다. 이는 D의 3양봉에서 E의 2음봉을 뺀 1양봉이 F에서 형성 후 투매가 출현하는 것과 같은 패턴이다. F양봉과 C양봉은 직전 음봉을 장악하지 못한 약한 양봉이다.

하락차 하락(下落差 下落)… 1음, 3음, 2음 바닥

주가가 하락 추세에서 탈피하여 상승 추세로 반전되기 위해서는 하락 압력이 완화되어야 한다. 하락 압력의 완화는 음봉 양자 내부의 음봉수가 축소되는 것으로 확인 가능하다. A의 1음봉 양자에서 B의 3음봉 양자로 진행된 것은 2음봉 확장이다. C의 2음봉 바닥은 확장된 2음봉이 3음봉 다음 바닥으로 작용한 것을 나타낸다. 2음봉 바닥이 3음봉 바닥을 지지하는 상태에서 상승 반전이다.

하락차 하락(下落差 下落)··· 1음, 2음, 1음 바닥

연속되는 음봉의 캔들수가 축소되는 패턴인 하락차 하락에는 여러 가지 조합이 가능하다. 〈그림 96〉에서 살펴본 것은 1음, 3음, 2음 패턴이고, 〈그림 97〉에서 나타나는 패턴은 1음, 2음, 1음 바닥 패턴이다. 음봉 1개 바닥에서 음봉 2개 바닥으로 음봉이 1개 확장될 경우, 다음 번에는 음봉 1개 익일 양봉이 나타나는 것이 바람직하다는 의미이다.

하락차 하락(下落差 下落)… 2음, 1음, 1음 바닥

〈그림 96〉이 1음, 3음, 2음 바닥 패턴이고 〈그림 97〉이 1음, 2음, 1음 바닥 패턴이라면, 〈그림 98〉은 2음, 1음, 1음 바닥 패턴이다. 2음봉 바닥 다음 1음봉 바닥일 경우, 다음 1음봉 바닥 익일 양봉 출현이 바람직한 패턴이 된다. 1, 3, 2 패턴과 1, 2, 1 패턴 그리고 2, 1, 2 패턴 이 세 가지 조합은 매우 빈번하게 출현하는 하락차 하락 패턴이다.

하락합 상승(下落合 上昇)

투매 바닥은 약한 하락에서 강력한 하락으로 진행된 패턴이다. 만일 투매 현상이 종료된 위치가 바닥일 경우 그 위치에서 기대 가능한 반등 양봉의 개수는 작은 하락과 큰 하락에서 형성된 음봉 개수에 의해 결정되는 경향이다. A의 1음봉과 B의 3음봉을 더한 4양봉이 C에서 나타난다. 1음봉에 대응된 1양봉과 3음봉에 대응된 3양봉 합하여 4개의 양봉이다. 1음, 3음 바닥에서 1양, 3양 상승이다.

〈그림 100〉은 〈그림 99〉에서 나타난 하락합 상승을 보다 세밀하게 관찰한 것이다. A의 1음 하락과 B의 3음 하락을 더한 4양 상승이 기대되는 바닥에서 C의 1양 상승과 D의 3양 상승을 합하여 4양 상승이다. C양봉 이후 음봉 2개 바닥은 C의 1양봉과 C직전 1양봉을 합하여 2음봉, 즉 상승합 하락이다.

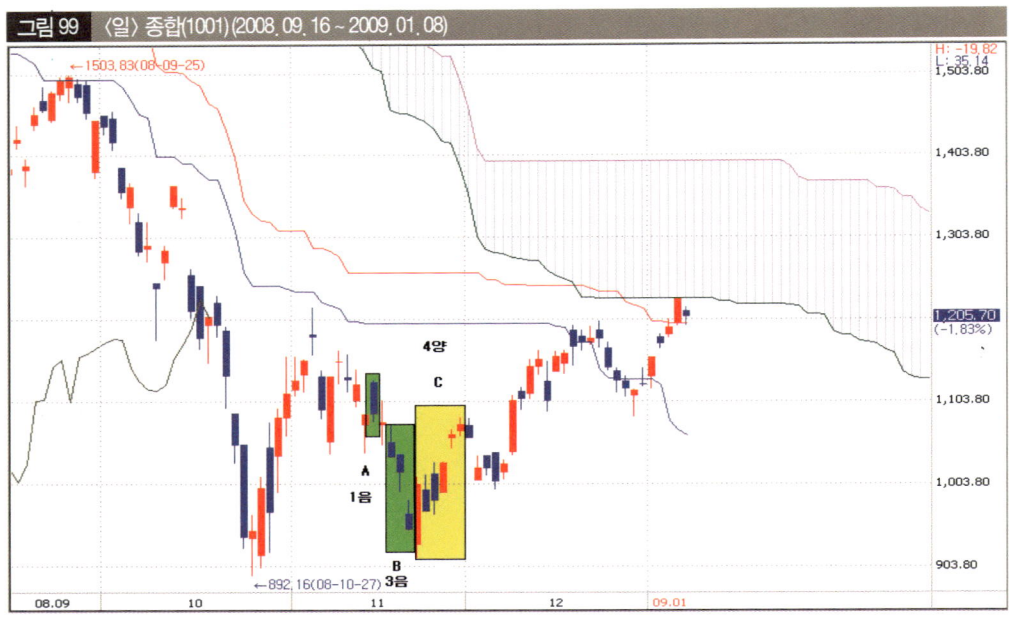

그림 100 〈일〉 종합(1001) (2008.09.16 ~ 2009.01.08)

상하차 하락(上下差 下落)

　상승이 크고 하락이 작은 형태에서 바로 상승으로 전환되지 못하고 다시 한 번 하락이 진행될 경우 바닥이 형성되는 패턴은 두 가지이다. 첫째는 상승과 하락이 합하여 추가 하락이 진행되는 경우이고, 둘째는 상승과 하락의 차이만큼 추가로 하락한 상태에서 바닥이 출현하는 경우이다. 〈그림 101〉의 경우는 A의 3양봉과 B의 1음봉의 차이인 2음봉이 형성된 C에서 바닥이다.

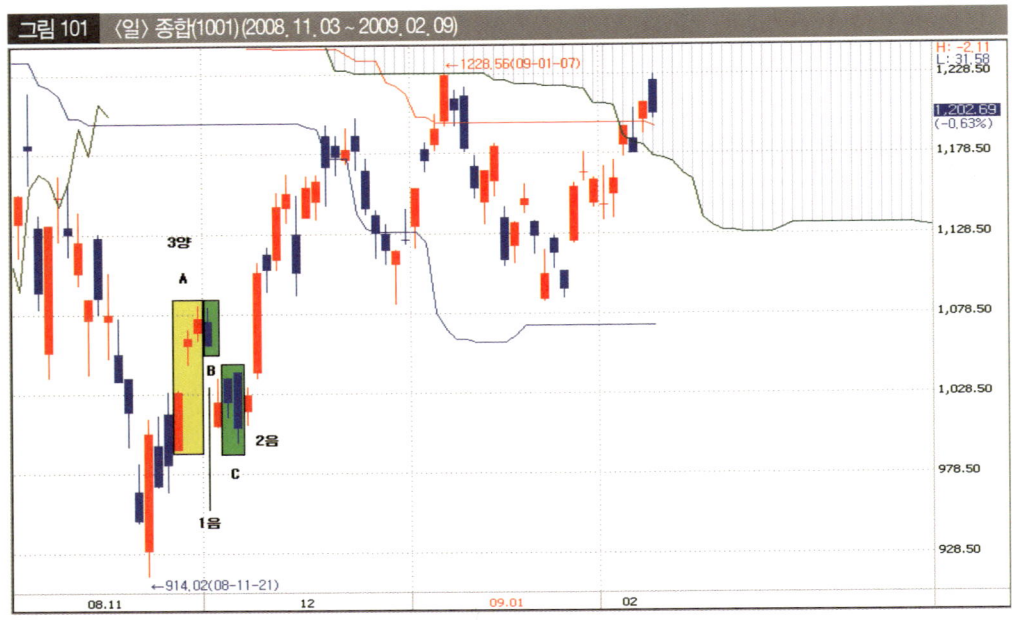

상승차 하락(上昇差 下落)

상승이 축소되는 형태에서 안정적인 조정을 이루기 위해서는 상승의 차이에 해당하는 정도의 크기로 하락이 진행되는 것이 필요하다. A의 3양봉 상승에서 B의 1양봉 상승으로 2양봉이 축소되는 패턴에서 C의 2음봉으로 축소된 2양봉에 준하는 조정이 마무리되자 급상승이 나타나고 있다.

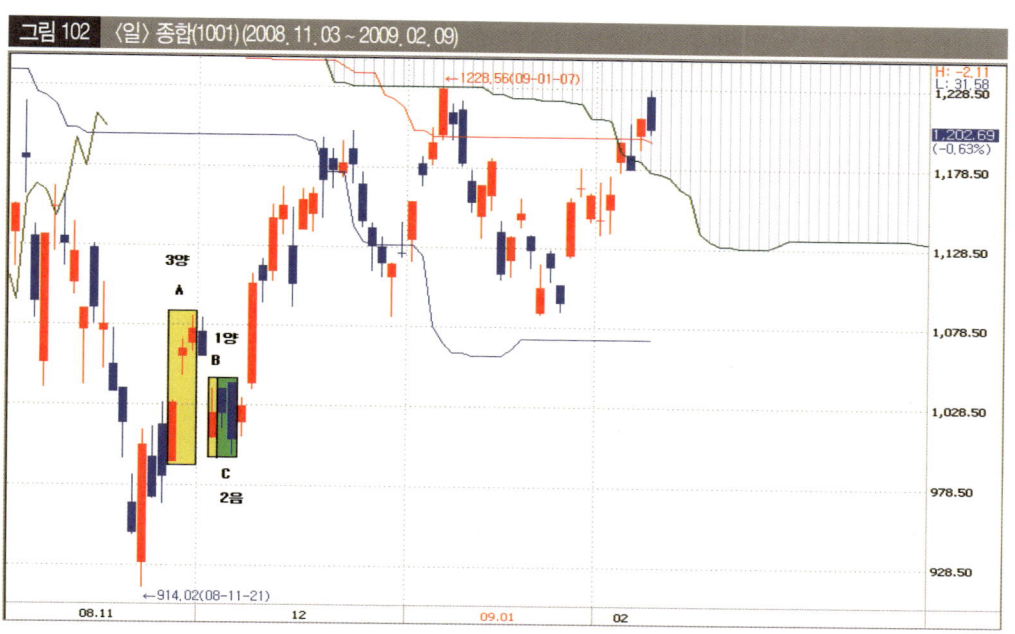

하상차 하락(下上差 下落)… 하상합 상승(下上合 上昇)

조정 이후 상승이 조정보다 크게 나타나는 확장 상승에서 나타나는 하락은 조정과 상승의 차이에서 제한되고, 그 이후 나타나는 상승은 조정과 상승을 합한 것만큼 나타나는 것은 연관된 패턴이다. A의 1음 바닥에서 B의 2양 상승이 진행된 패턴에서 C의 1음 하락은 1음 조정과 2양 상승의 차이만큼 하락이 나타난 것이다. C바닥 이후 나타나는 2양, 1양 합하여 3양 상승은 A의 1음 조정과 B의 2양 상승을 더한 3양 상승에 준하는 것이다.

상하합 상승(上下合 上昇)

　　1차 상승과 2차 상승의 일반적인 패턴은 2차 상승이 1차 상승과 1차 반락을 합한 크기로 형성되는 것이다. A의 2양과 B의 1음을 더한 3양 상승이 D에서 2양과 1음의 형태로 나타난다. 이는 F의 1양 상승과 G의 2음을 더한 3양 상승이 H에서 나타나는 것과 같은 구조이다. 양봉이 연속 3개 형성된 H의 경우와 3양봉이 2양과 1양으로 분리된 D의 경우를 비교하면 후자가 약한 모습이다.

하상차 상승(下上差 上昇)… 하상합 하락(下上合 下落)

하락보다 상승이 큰 경우에는 다음 상승이 상승과 하락의 차이 정도로 제한될 경우 천정을 형성한 이후에는 하락과 상승을 합한 수준 또는 그 이상 하락하는 경우로 연결되는 경향이다. A의 1음 바닥에서 B의 2양 상승이 나타나고 그 이후 C에서 1음과 2양의 차이인 1양으로 천정이다. 그 이후 나타나는 하락은 A의 1음과 B의 2양을 합한 것보다 추가로 하락이 진행된 연속 4개의 음봉 하락이다.

하락차 상승(下落差 上昇)··· 1음, 2음, 1양 천정

A의 1음봉에서 B의 2음봉으로 하락이 확장되는 패턴에서 상승할 경우 약세론자는 적당한 수준에서 팔고 나올 것을 생각한다. 이 경우 적당한 수준이란 A의 1음봉에서 B의 2음봉으로 하락이 1음봉 확장되었으므로 확장된 1음봉만큼 반등하는 수준, 즉 1양봉이 발생하는 시점이 매도 시점이 된다.

A의 4음봉에서 B의 1음봉 바닥은 3음봉 하락 축소이다. 이 경우 강세론자는 4음봉과 1음봉을 합한 5양봉 상승을 기대하고, 약세론자는 4음봉에서 1음봉을 뺀 3양봉에서 매도를 생각한다. 기술적 분석은 가치 중립적이다. 다만 거래자 본인이 약세론자인지 강세론자인지 스스로 자기 정립을 해야 한다.

하상합 상승(下上合 上昇)

시장을 약하게 보는 사람은 하락할 때도 팔고 상승할 때도 판다. 이 두 경우를 더한 것이 약세관으로 인한 매도합이다. 그런데 장세가 상승으로 반전될 경우 약세관으로 인한 매도가 추격 매수하여 천정을 형성하게 된다. A의 1음봉과 B의 1양봉에 매도한 물량이 C의 2양봉에 추격 매수하여 천정이다.

상하합 상승(上下合 上昇)

약세관으로 인한 매도를 다른 관점에서 보면 상승할 때도 팔고 하락할 때도 판다. A의 1양봉과 B의 1음봉에 매도한 약세관 매도자들이 장세가 상승으로 반전되자 추격 매수하여 C의 2양봉으로 천정이다. 이는 D의 2양봉과 E의 1음봉이 결합하여 F의 3양봉으로 천정과 같은 원리이다.

하락합 하락(下落合 下落)

주식 거래를 하다보면 '물량을 쥐어짠다' 는 표현을 할 때가 있다. 주식을 보유한 거래자들이 주가 하락기에 매도하도록 시장 분위기를 유도할 때 쓰는 용어이다. A의 1음봉과 B의 1음봉을 더하여 C의 2음봉으로 바닥을 형성하는 것이 바로 그것이다. 이 경우 하락합 하락 바닥에서 급등한다.

하락차 상승(下落差 上昇)… 2음, 1음, 1양 천정

　A의 2음봉에서 B의 1음봉으로 하락 축소될 경우 주가 약세가 완화되는 것으로 본 매수세의 형성으로 신고가가 발생하는데, 이 경우 경계해야 할 것은 하락 축소된 1음봉이 1양봉으로 천정이 되는 것이다.

하락차 상승… 신고가가 아닌 경우

〈그림 111〉의 하락차 상승에서는 신고가 발생으로 천정이나, 〈그림 112〉에서는 A의 2음봉에서 B의 1음봉을 뺀 1음봉 만큼 1양봉이 발생한 C천정의 위치가 신고가가 아닌 상태이다. 이 경우 천정 이후의 되돌림이 완성된 것으로 보고 본격적인 투매가 나타난다.

그림 112 〈일〉 종합(1001)(2008. 11. 13 ~ 2009. 04. 02)

상승합 하락(上昇合 下落)··· 양자도약

양자도약이란 표현은 양자물리학적 용어이다. 전자가 한 단계 낮은 수준으로 내려갈 때
는 기존에 흡수한 에너지를 방출하면서 바닥 상태로 가는데, 이 경우 기존에 흡수한 에너지
에 해당하는 것이 A의 1양봉과 B의 2양봉이므로 이것이 방출되며 음으로 전환된 것이 2음
봉과 1음봉을 더한 C의 3음봉이다.

상승차 상승(上昇差 上昇)

투매가 발생하기 전에는 매수 에너지의 약화 현상이 나타나는데, A의 1양봉에서 B의 2양봉 다음 C의 1양봉이 바로 그것이다. 1양봉에서 2양봉은 상승 에너지의 확장이나 2양봉에서 1양봉은 상승 에너지의 약화이므로, 약화된 상승 에너지 1양봉에 해당하는 만큼 1음봉 급락이 나타나는 것이다.

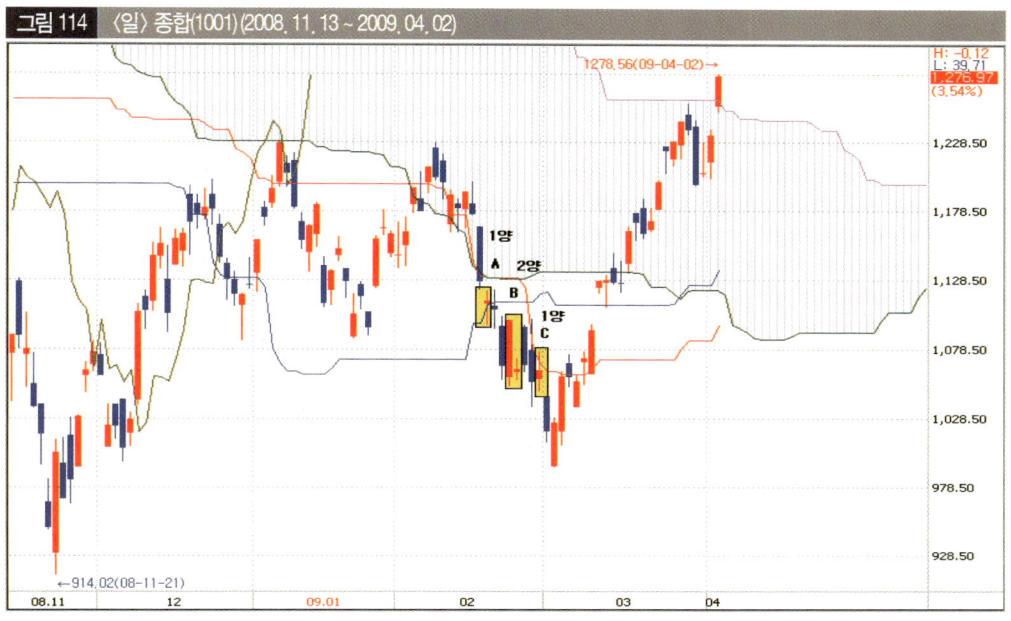

상승차 하락(上昇差 下落)⋯2양, 1양, 1음 바닥

〈그림 115〉에서 A의 2양봉이 B의 1양봉으로 축소된 것은 상승 에너지의 약화 신호이다. 이 경우 기본적으로 약화된 상승 에너지 1양봉에 해당하는 부분만큼 1음봉이 나타나는 것이 순리일 것이다. C의 1음봉 급락은 그런 의미에서 자연스러운 것이다.

2양, 1양, 1음 바닥 패턴에서 1양, 2양, 1음 바닥 패턴으로 변화

〈그림 115〉에서 2양, 1양, 1음 바닥 패턴은 상승 에너지의 약화로 인한 급락을 나타내는 상승차 하락 패턴인데, 〈그림 116〉에서 나타나는 1양, 2양, 1음 바닥 패턴은 상승 에너지의 확장 후 지나친 상승 에너지를 소화시키는 숨고르기 과정에서 나타나는 것이므로 상반되는 성격의 패턴이다.

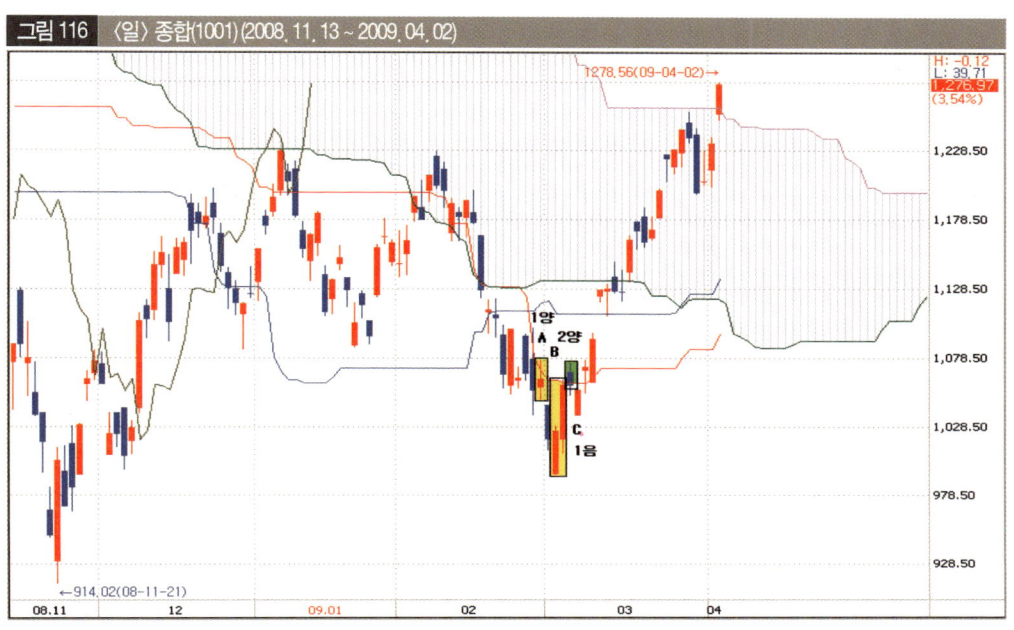

하락차 하락(下落差 下落)… 하락차 상승 +1양 상승 이후의 조정

바닥이 완성된 후 상승 전환 과정에서 나타나는 대표적인 패턴이 바로 하락차 하락이다.

A의 2음봉이 B의 1음봉으로 하락 축소 후 축소된 1음봉이 한 번 더 작용 후 본격 상승으로

전환되는 위치가 C의 1음봉 바닥이다.

상승합 상승(上昇合 上昇)

주가가 바닥을 확인한 이후 나타나는 과정은 1차 상승과 2차 상승이다. 2차 상승이 1차 상승보다 매우 강력해야 이후의 상승 추세가 견조하게 진행된다. A의 1양봉과 B의 2양봉을 더하면 3양봉이 정상적이나 C에서는 5양봉이다. 2양봉이 초과 상승한 것이다. 이후 D에서 2음봉 조정 후 급등이다.

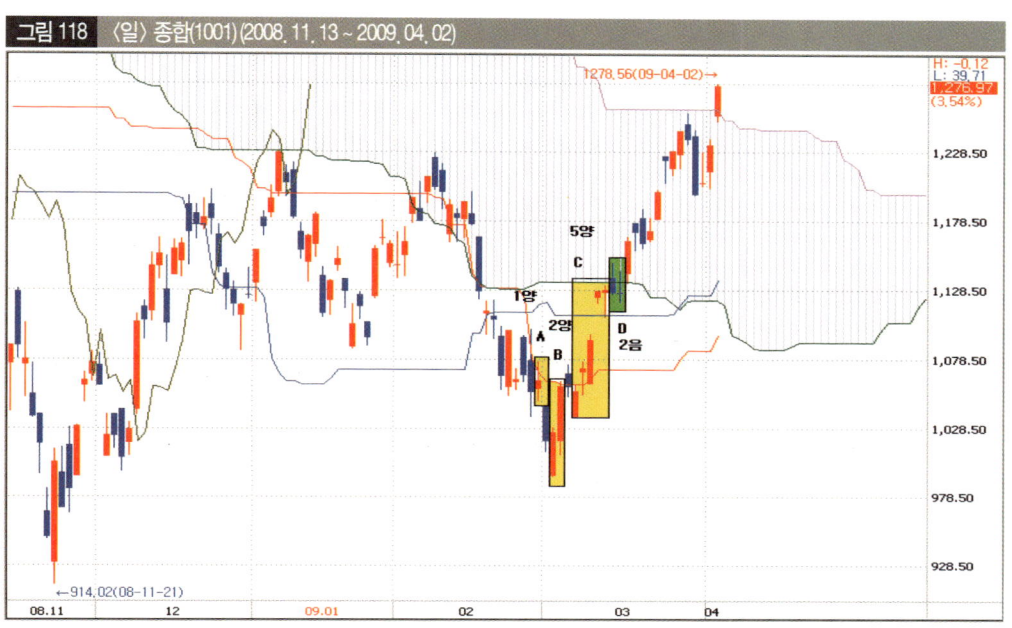

하락차 상승(下落差 上昇)… 경계 심리가 형성되는 위치

〈그림 119〉에 나타나는 패턴은 하락차 하락이다. 사각형 A에서 1음봉 바닥과 사각형 B에서 2음봉 바닥의 차이는 1음봉인데, 확장된 1음봉에 대한 반작용이 1양봉으로 변화하여 천정을 형성한 것으로 보는 것이 사각형 C에 나타난 1양봉 익일 음봉이다. 하락 확장 후의 상승은 매우 강력해야 대기 매수세가 형성되는데, 하락 확장 후의 상승에서 확장된 음봉수가 양봉으로 전환된 익일부터 작용하는 경계 매물을 돌파하면서부터 새로운 상승 국면으로 진입하는 것을 볼 수 있다. 하락차 상승은 조정 과정에서 매도한 거래자들 가운데 일부는 추격 매수에 나서고 일부는 관망하는 상황에서 나타난다.

그림 119 〈일〉 종합(1001) (2008. 11. 13 ~ 2009. 04. 02)

하락합 상승(下落合 上昇)… 도로 사면서 급등 출현

〈그림 120〉에서 나타나는 현상은 하락합 상승이다. 추세적으로 상승하는 과정에서는 중간 중간 반락하는 과정이 형성된다. 반락하는 과정에서 매도한 거래자들이 모두 고가에 추격 매수하면서 되사는 과정에서 주가 급등이 나타나는데, 사각형 A에서 형성된 음봉 2개와 사각형 B에서 형성된 음봉 2개에서 매도한 거래자들이 사각형 C 내부의 양봉 4개에서 도로 매수함으로서 급등이 나타나고, 이후 2음봉 바닥에서 다시 상승 추세가 진행된다. 양봉 4개가 양봉 2개와 양봉 2개로 구분되는 것은 사각형 A의 음봉 2개와 사각형 B의 음봉 2개에 대응하는 것으로 이해될 수가 있다.

상승 추세가 형성되는 초기에는 반락 과정의 매도자 가운데 일부만 추격 매수하고 일부는 관망하나, 추세가 진행될수록 거래자들의 심리가 점차 흥분 상태가 되면서 반락 과정의

매도자들이 모두 추격 매수를 하면서 급등이 나타난다. 추격 재매수로 인한 급등이 시현된 상태에서 다소 격렬한 조정이 출현하는 것은 추격 매수가 완료된 후의 경계 매물로 인한 것이다.

하락 패턴··· 바닥 패턴

상승합 하락(上昇合 下落)··· 도로 팔기 바닥

1양, 1양, 2음 바닥··· 1양+1양+2음=4양 상승

주가 하락 추세가 진행되는 동안 나타나는 현상은 중간 중간 반등이 나타날 때 반등에 추격 매수한 거래자들이 손절매하는 하는 과정이 대부분이다. A의 1양봉 상승과 B의 1양봉 상승을 더한 2양봉이 매도되는 것은 C의 2음봉으로 확인이 가능하다. 손절매가 완료된 바닥에

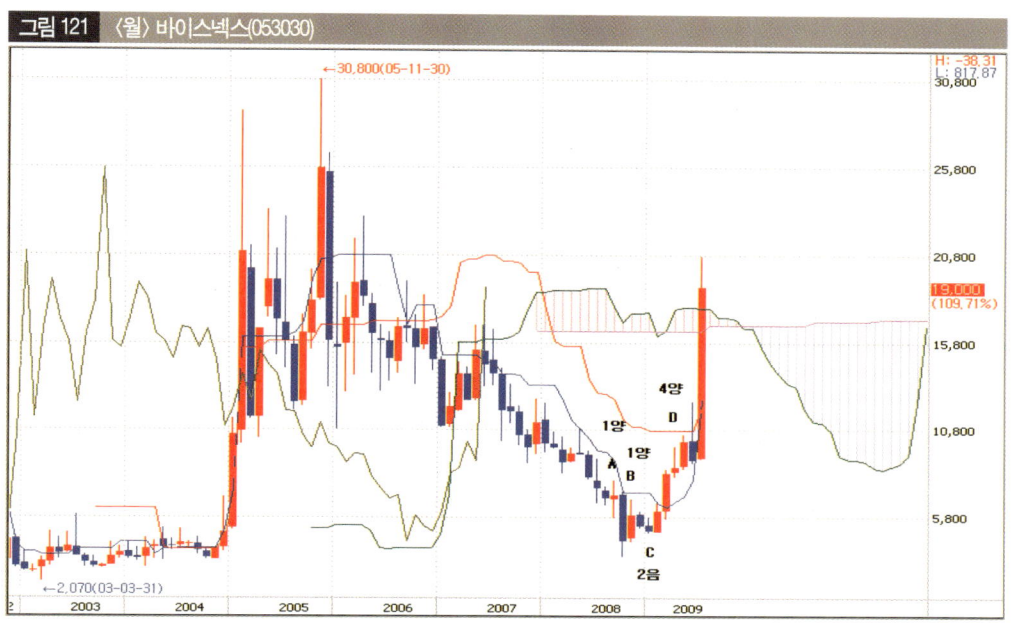

그림 121 〈월〉 바이스넥스(053030)

서 2개의 음봉을 장악하는 양봉이 출현하면서 추세가 반전되고 있다. 상승합 하락 패턴에서 급등시 상승+상승=하락의 세 가지 움직임이 모두 상승으로 전환되는 것이 이상적이다. A의 1양과 B의 1양 그리고 C의 2음이 모두 결합하여 월봉으로 4개의 연속 양봉이 나타나고 있다.

1양, 2양, 3음… 1+2=3… 흥분 상태에서 흡수한 에너지의 방출로 바닥 상태

상승합 하락 패턴은 주가가 하락 추세에서 바닥을 확인하는 과정에서뿐만 아니라 상승 추세가 진행되는 동안의 중간 조정 과정에서도 출현 빈도가 높다. A의 1양봉과 B의 2양봉을 더한 3양봉이 C에서 3음봉으로 전환되며 바닥이다. 흥분 상태에서 흡수한 에너지를 방출하고 바닥 상태로 된 것이다. 1양과 2양 그리고 3음을 모두 합한 상승합 하락 연관 캔들이 모두 양봉으로 되어 D의 6양 급등이다.

그림 122　〈일〉 다날(064260) (2009.02.25 ~ 2009.08.14)

1양, 3양, 4음 바닥

〈그림 121〉은 월간 차트이고, 〈그림 122〉는 일간 차트이며, 〈그림 123〉은 주간 차트이다. 양자론의 원리는 차트 형성 기간에 무관하게 적용 가능한 이론이다. A의 1양봉과 B의 3양봉을 더한 4양봉이 방향을 바꾸어 C의 4음봉을 완성한 위치에서 최후 투매 바닥을 형성하고 상승 추세로 전환된다.

175

1양, 3양, 5음… 과매도

A의 1양봉과 B의 3양봉을 더하면 4양봉이므로 B천정에서 4음봉 위치에서 바닥이 형성되는 것이 적정하나 C에서와 같이 5음봉으로 1음봉 과매도가 나타나는 경우도 빈번하다. 이 경우 진행되는 경로는 두 가지이다. 첫째는 1음봉 과매도 바닥에서 형성되는 반등이 매우 강하게 나타나 과매도된 1음봉을 장악하여 급등하는 경우이고, 둘째는 〈그림 124〉의 D의 약한 양봉과 같이 1음봉 과매도 바닥에서 나타나는 반등이 약하여 과매도된 1음봉의 기세에 눌려 추가 하락이 나타나는 경우이다. 이 경우는 〈그림 124〉의 E와 같이 B의 3양봉 대비 C의 5음봉이 2음봉 과매도된 상태이므로 과매도된 2음봉 만큼 D천정에서 추가 2음봉이 발생하는 위치에서 바닥을 형성하는 것이 하나의 방책이다.

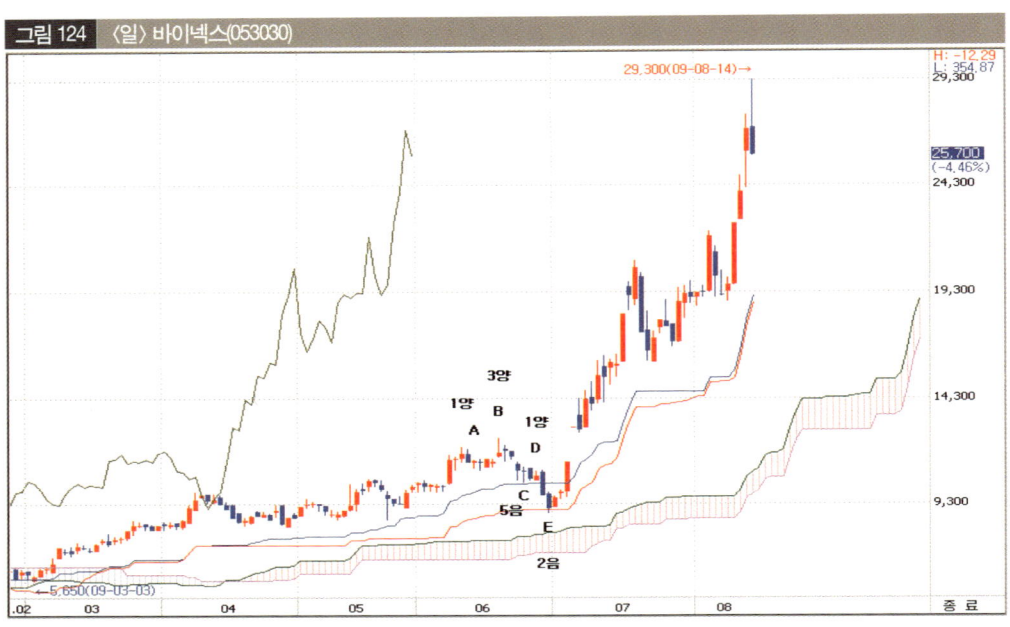

그림 124 〈일〉 바이넥스(053030)

2양, 1양, 3음 바닥… 상승 축소 천정… 1양 천정의 구조… 1음, 1음, 1양 천정

〈그림 125〉의 A는 2양봉인데 B는 1양봉으로서 상승이 축소된 천정이다. 상승이 축소된 천정에서 나타나는 조정은 상승이 확장된 천정에서 나타나는 조정보다 음봉 캔들수가 작게 형성되는 것이 이상적이다. A의 2양에서 B의 1양으로 상승 축소 천정에서 A의 2양봉과 B의 1양봉을 합한 3양봉에 해당하는 3음봉이 나타나는 곳에서 바닥이 형성되는 것이 상승합 하락의 기본 패턴이다. B천정을 기준으로 3음봉째 되는 위치가 D이다. 3음봉은 연속해서 출현하는 경우도 있고 분리되어 형성된 C의 2음봉과 D의 1음봉과 같이 합하여 3음봉으로 되는 경우도 있다.

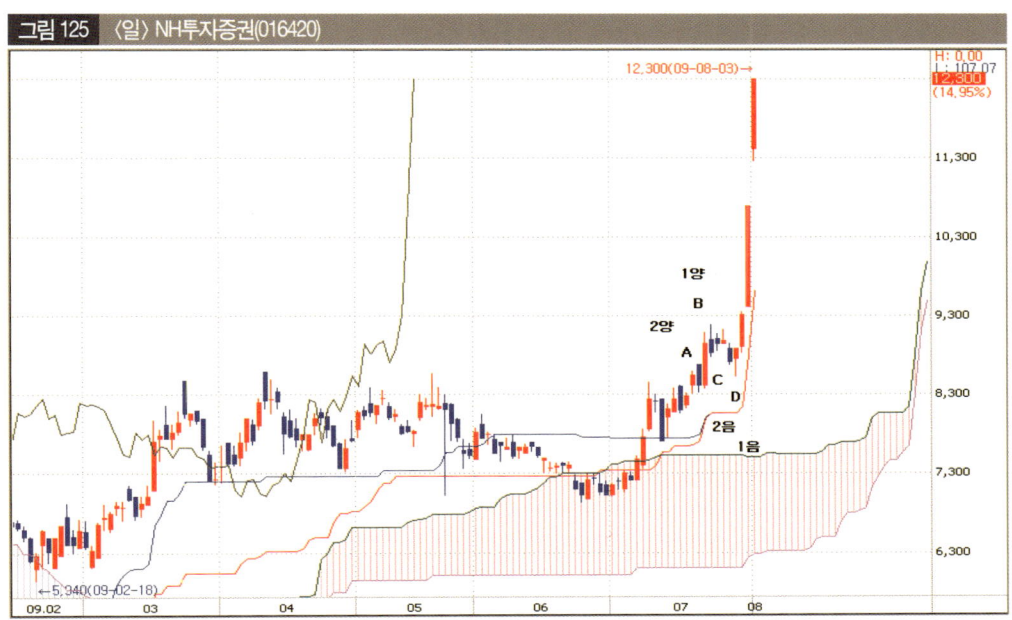

2양, 1양, 3음 바닥… 1양 천정의 구조… 2음, 1음, 1양 천정… 하락차 천정

〈그림 126〉은 〈그림 125〉와 같이 2양, 1양 상승 축소 천정에서 2음, 1음을 합한 3음 바닥 패턴이다. 상승기에 흥분한 매수세가 흡수된 에너지를 방출하고 바닥 상태로 전환되는 패턴이다. 연속 3음봉으로 진행되지 않고 2음봉, 1음봉과 같이 띄엄띄엄 하락이 진행되는 패턴이 매수심리가 급하다.

B의 1양 천정은 A의 2양 천정 직전 2음봉과 직후 1음봉의 차이가 전환된 것으로서 하락차 상승이다. 하락차 상승으로 천정을 형성한 패턴은 약세론자가 주도하는 시장에서 발생하므로 하락차 천정이 돌파되는 것은 급등 가능성을 시사하는 것이다.

178

2양, 1양, 3음 바닥⋯ 연속 3음 바닥

〈그림 125〉와 〈그림 126〉은 2양, 1양 천정에서 3음 하락이 2음, 1음으로 띄엄띄엄한 데 반해 〈그림 127〉의 C에서는 연속 3음 바닥이다. 2양, 1양, 3음등 관련 캔들의 합계가 6캔들 이므로 C바닥에서 6캔들 상승하는 것이 적정하나, D까지 8캔들 상승하여 2캔들 초과 매수 로 E에서 2음 조정으로 상쇄되어 다시 상승 추세가 진행된다. 1양, 2양, 3음 패턴은 두 번째 상승이 확장으로 C바닥 이후 상승이 연속 급등이고, 2양, 1양, 3음의 경우는 두 번째 상승 이 축소로 C바닥 이후 상승이 띄엄띄엄하다. 그리고 C에서 D까지 8양봉에서 E까지 2음 조 정을 빼면 6양봉인데 A의 4양봉과 B의 2양봉으로 나타나고, 천정 이후 2음, 2음, 1음, 1음의 6음으로 조정 후 재상승이다.

상승차 하락(上昇差 下落)

1양, 2양, 1음 바닥… 1양 신고가

상승차 하락 패턴은 상승이 진행되는 과정에서 나타나는 조정이 각 단계의 상승 에너지 차이만큼 형성되는 모델을 말한다. A의 1양봉과 B의 2양봉의 차이는 1양봉이기 때문에 B천정에서 나타나는 조정이 C의 1음봉 조정으로 마무리되어 다시 재상승 기운이 나타난다. 직전 고점 돌파 후 2음 조정하고 연속 급등 진행이다.

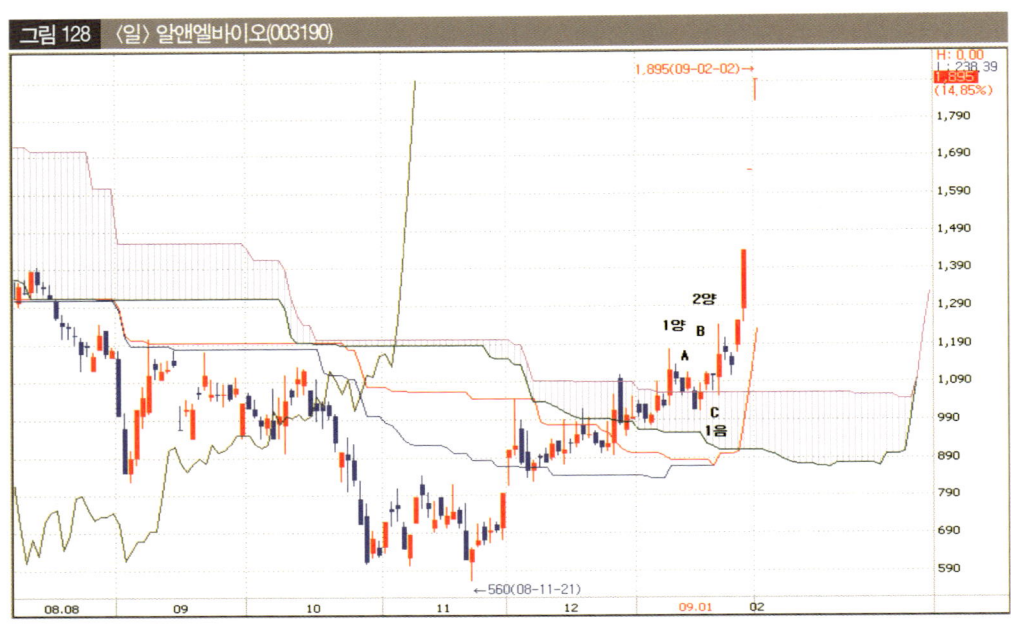

그림 128 〈일〉 알앤엘바이오(003190)

1양, 2양, 1음 바닥… 2양 신고가

A의 1양봉 상승에서 B의 2양봉 상승은 상승 에너지의 확장이다. 확장된 1양봉 에너지만큼 과매수된 상태이므로 C의 1음봉으로 과매수된 상승은 상쇄되었다. 과매수된 상태에서 과매수된 부분을 해소하고 다시 새로운 상승으로 빠르게 진입하는 것이 이 모델이다. 그러므로 과수를 해소시킨 C바닥에서는 1양봉 또는 2양봉으로 직전 고점을 돌파하는 것이 정상적인 진행이 된다. 2양에서 1양을 뺀 1음으로 조정 후 2양에 1양을 더한 3양 급등 진행이다.

그림 129 〈일〉 현대EP(089470) (2009. 02. 25 ~ 2009. 08. 14)

1양, 3양, 2음 바닥··· 연속 급등··· 상승차 하락··· 상승합 상승

A의 1양봉에서 B의 3양봉 진행은 2양봉이 과매수 상태이므로 초과 매수된 2양봉이 C에서 2음봉으로 전환 후 전고점을 돌파하면서 급상승 진입이다. 1양, 3양의 차이만큼인 2음 조정 바닥에서 1양과 3양을 더한 4양 급등이다.

그림 130 〈일〉NH투자증권(016420)

1양, 3양, 2음 바닥… 단계적 상승

A의 1양봉에서 B의 3양봉으로 진행은 2양봉 초과이므로 C까지 2음봉 조정으로 과매수가 해소되었다. C의 2음봉 바닥에서 2양봉으로 전고점 미돌파되어 A의 1양과 B의 3양을 더한 4번째 양봉으로 B천정이 돌파되었다. 그 이후 조정을 거쳐 급상승으로 진입이다.

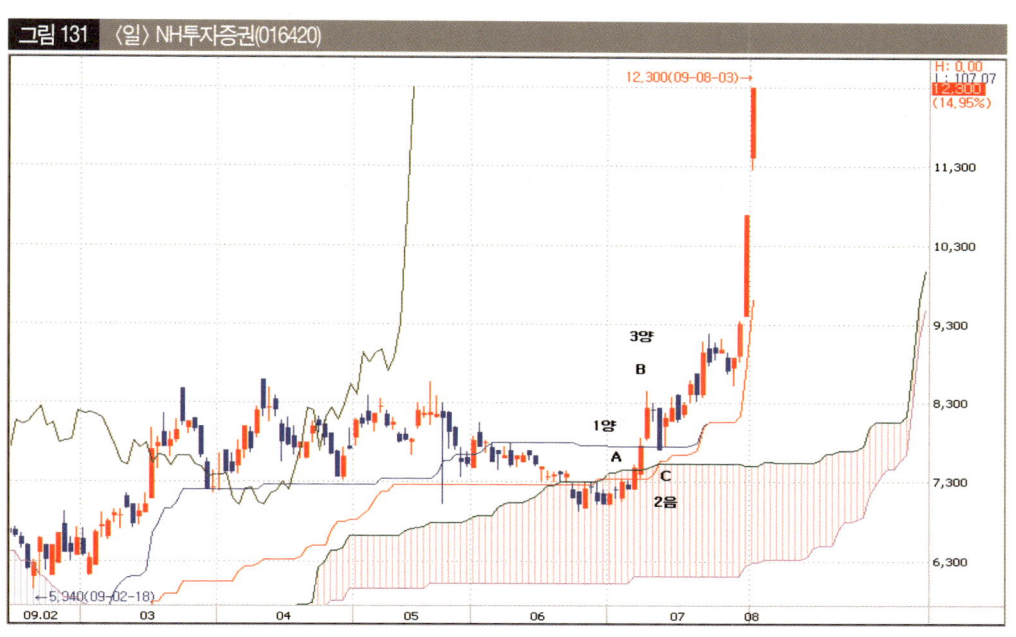

1양, 3양, 2음 바닥… 돌파… 조정… 급등

상승차 하락 모델은 상승 초과분을 적절하게 해소한 후 전고점 돌파시부터 급등으로 진입할 가능성을 시사하는 상태가 된다. 어떤 경우는 전고점 돌파 후 수직 상승하는 패턴이 형성되고, 어떤 경우는 전고점 돌파 후에도 조금 더 조정이 나타나는 경우도 있다. 〈그림 132〉는 후자에 속하는 모델이다.

2양, 1양, 1음

상승차 하락 모델 가운데에는 상승이 축소된 천정에서 조정이 형성되는 경우도 있다. A의 2양봉 천정에서 B의 1양봉 천정은 1양봉 축소이다. 상승 축소된 1양봉에 해당하는 1음봉이 C에서 형성된 후 1양봉으로 전고점을 돌파하며 상승 추세로 진입이다.

3양, 1양, 2음 바닥

상승 축소형 상승차 하락 패턴에서 1차 상승이 클수록 2차 상승과의 차이가 클 가능성이 많아 조정 음봉 캔들수도 자연히 길게 나타날 가능성이 크다. A의 3양봉에서 B의 1양봉으로 천정일 경우 상승차는 2양봉이므로 C의 2음봉 바닥이다. 그 이후 4번의 양봉 양자 형성으로 신고가를 만들고 2음봉 조정 후 다시 신고가 진입이다.

3양, 1양, 2음 바닥··· 1양 신고가

A의 3양봉 상승에서 B의 1양봉 천정 후 3양봉과 1양봉의 차이에 해당하는 2음봉이 C의 1음봉과 D의 1음봉으로 충족되어 1양봉 신고가로 급등 진입이다. E의 3양봉에서 F의 1양봉으로 상승 축소 천정 후 축소된 2양봉에 해당하는 2음봉이 G에서 형성 후 급등 진입으로 두 모델이 유사한 패턴이다. 다만 2음봉이 한꺼번에 연속적으로 형성된 모델보다 1음봉, 1음봉으로 띄엄띄엄 형성된 모델이 그 후 상승이 더욱 강하게 나타나고 있다. 6음봉 조정은 1양봉과 5양봉 매물 소화이며 상승합 하락이다.

그림 135 세코닉스(053450)

상하합 하락(上下合 下落)

1양, 3음, 4음 하락

주가 급락은 하락 과정에서 개입한 매수세의 원래 전망과는 다르게 움직이는 시장 움직임에 대응하는 과정에서 나타난다. A의 1양봉 상승은 공격형 매수세를 나타내고, B의 3음봉 하락은 수비형 매수세를 나타낸다. 방향이 다른 이 두 양자가 바닥 개연성을 내다본 매수세의 합인데, 그 후 전저점 붕괴로 1양봉과 3음봉 매수세의 합에 해당하는 4양봉이 C에서 4음봉으로 전환되었다. 이 결과 3음봉이 4음봉으로 확장되면서 추가로 1음봉이 형성되며 진바닥이 출현하고 있다.

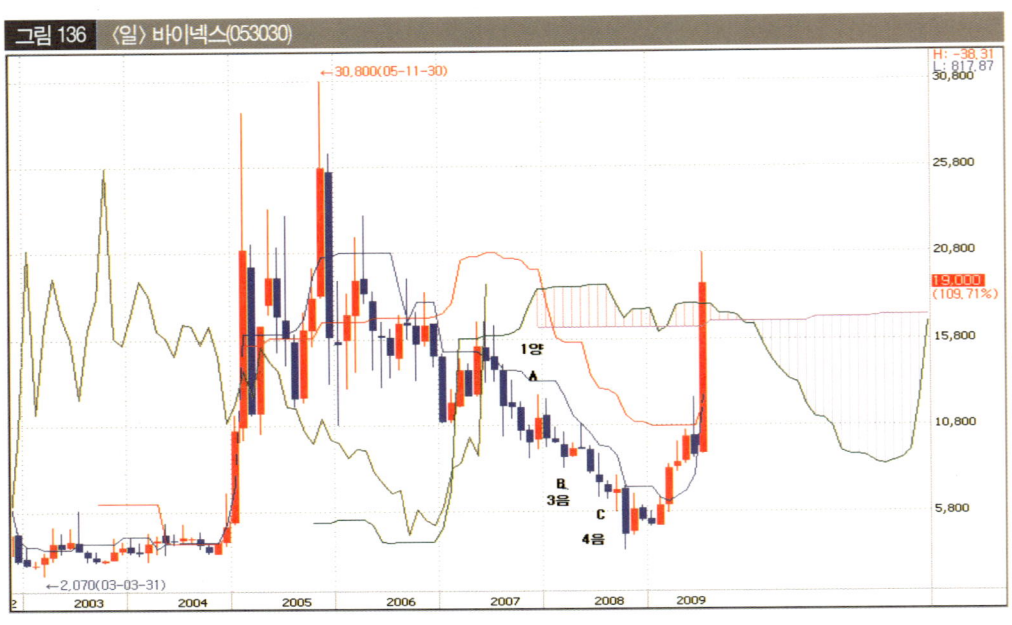

그림 136 〈일〉 바이넥스(053030)

상하차 하락(上下差 下落)

1양, 2음, 1음 바닥

상하차 하락은 상하합과는 달리 상승 대비 하락 확장된 음봉만큼 재하락 시점에서 바닥이 형성되는 모델이다. A의 1양봉에서 B의 2음봉은 1음봉 초과 하락이므로 C의 1음봉으로 초과 하락한 부분만큼 추가 하락 후 급등으로 반전되고 있다. 급상승 직전의 바닥에서 출현하는 패턴이다.

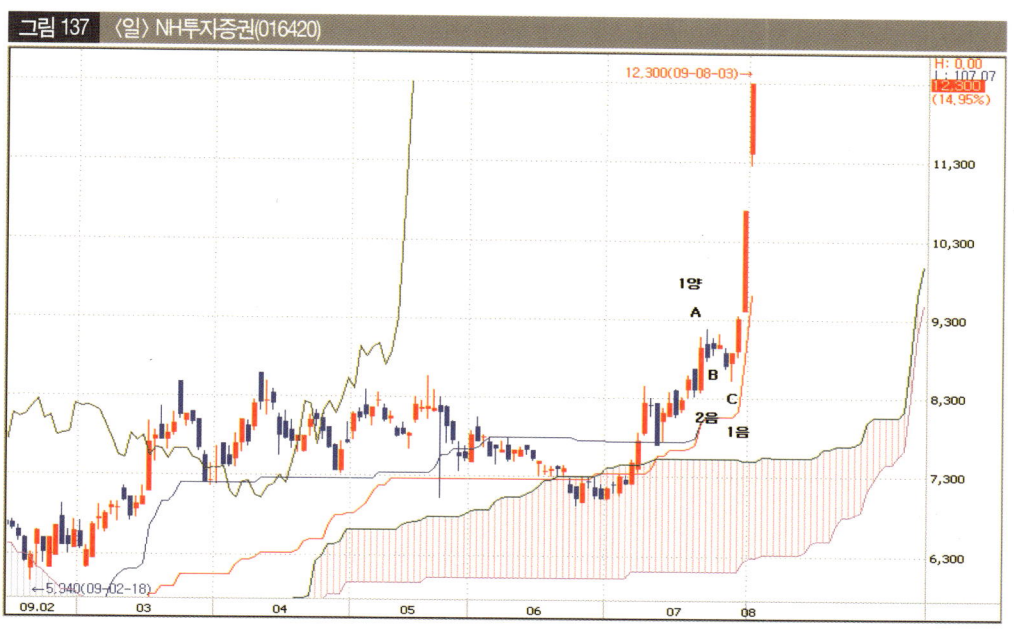

그림 137 〈일〉 NH투자증권(016420)

1양, 3음, 2음

〈그림 138〉에서 A의 1양봉에 비해 B의 3음봉은 2음봉 초과 하락이므로 반등 후 C에서 추가 2음봉 하락이 진행되는 모델이다. B의 3음봉 또한 A의 1양봉 직전 1양봉 천정과 그 후의 4음봉의 차이만큼 초과 하락한 부분이 추가 하락으로 나타난 것이다. 동일 패턴의 연쇄적 발생이다. C의 2음봉을 1양봉으로 장악하며 급등 진입이다.

3양, 5음, 2음 바닥··· (5+2)+(5-2)=7+3=5+5=(4+1)+(1+3+1)=10

A의 3양봉 상승에서 B의 5음봉 하락은 2음봉 초과 하락이다. 그러므로 반등이 약할 경우 반등 천정에서 추가 2음봉이 형성되어 C에서 바닥 기운이 형성된다. C에서 나타나는 반등은 최소 B의 5음봉과 C의 2음봉을 합한 것 이상 출현하는 것이 필요하다. 실제로는 5음봉과 2음봉을 더한 7양봉에 5음봉과 2음봉의 차이인 3음봉이 추가된 10양봉 형성으로 7양봉 위치를 지지로 상승 추세 진입이다.

그림 139 〈일〉 바이넥스(053030)

4양, 1음, 3음 바닥… 4양 천정, 4음 바닥

〈그림 140〉은 월간 차트이다. A의 4양봉 천정에서 B의 1음봉 하락을 빼면 3양봉 기운이 잔존한다. 잔존 상태인 3양봉 기운이 하락으로 전환된 위치가 C의 3음 바닥이다. 잔존 상태의 3양봉 기운이 추가 3음 바닥에서 상쇄되어 반등이 출현한다. 3음봉 바닥에서 3양봉 천정을 경계해야 한다.

하상합 하락(下上合 下落)… 4음+3양… 4음+3음

하락 추세 진행의 기본 패턴은 하락 음봉수와 반등 양봉수의 합만큼 추가 하락 음봉수가 형성되는 것이다. A의 4음봉과 B의 3양봉은 하락시 매수자와 상승시 매수자의 합이므로 B 천정에서 7개의 음봉이 위치하는 D위치는 손바뀜이 완료되는 바닥이다. 4음, 3양 천정이 4음, 3음 바닥으로 전환이다.

그림 141 〈일〉NH투자증권(016420)

하상차 하락(下上差 下落)

1음, 2양, 1음… 상승 추세의 눌림목 바닥

주가가 추세적인 상승 과정에서 하락에 비해 상승이 과도하게 나타날 때 초과 매수된 부분만큼 하락 조정 후 새로운 상승 추세로 진입하는 모델이 하상차 하락(下上差 下落) 패턴이다. A의 1음봉 대비 B의 2양봉은 2양봉 초과이므로 C의 1음봉으로 상쇄 후 새로운 상승으로 진입한다. A의 1음과 B의 2양을 합한 3양 상승으로 하상합 상승(下上合 上昇)이다.

4음, 1양, 3음… 하락 추세의 두 번째 바닥

하락 추세가 상승 추세로 전환되는 바닥에서는 최후 투매 후 단계적으로 하락 압력을 완화시키는 과정을 밟는다. 첫 상승 천정에서 형성되는 조정은 최후 투매 및 그 후의 반등과 밀접한 관련이 있다. A의 4음봉 바닥에서 B의 1양봉 상승을 빼면 3음봉 기운이 잔존 상태인데, 이것이 C에서 3음봉으로 추가 하락 진행되어 두 번째 바닥을 형성한다.

하락합 하락(下落合 下落)… 3번의 양봉 양자

1음, 1음, 2음 바닥… 수직 상승

주가가 바닥에서 상승으로 전환되는 과정은 약세론자의 매도가 간헐적으로 나타나는 시기이다. 그리고 급등으로 전환되기 직전이 가장 매도 압력이 강하게 나타나는데, 이 시기를 무난하게 넘길 경우 상승 추세로 전환되며 급등으로 진입한다. A의 1음봉과 B의 1음봉을 더한 2음봉이 형성된 C위치가 약세론자의 최후의 매도 시점이다. 이후 신고가 발생으로 급상승 국면으로 진입이다.

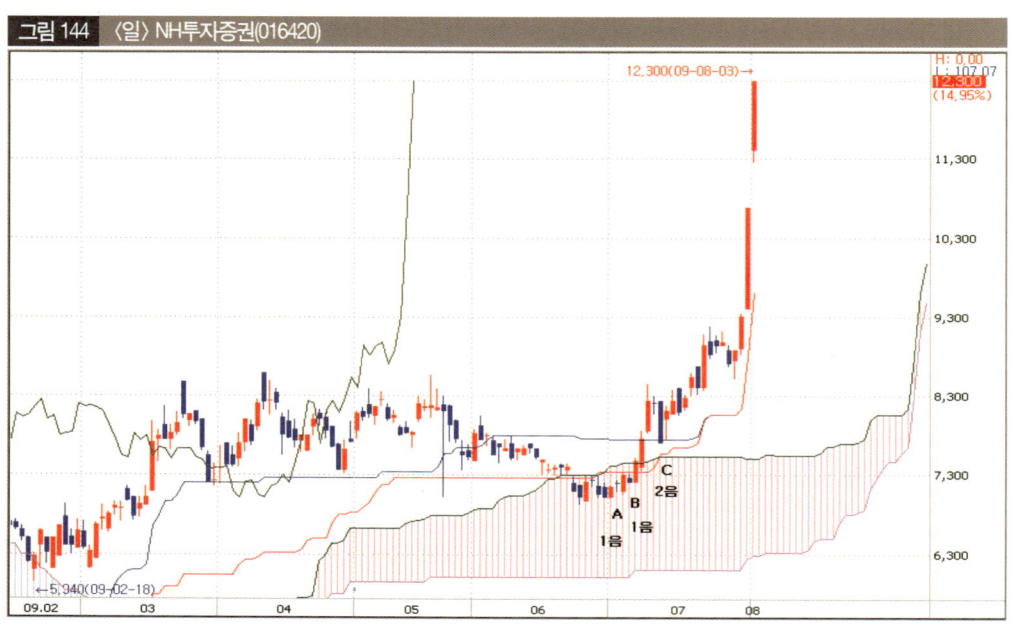

1음, 1음, 2음 바닥… 조정 후 상승

〈그림 145〉는 〈그림 144〉와 약간 다르게 A의 1음봉과 B의 1음봉을 더한 C의 2음봉 바닥에서 연속 상승으로 진입하지 않고, 1양 천정에서 1음으로 조정 후 이후부터 급상승 진입이다. C 이후 나타나는 조정은 B의 1음봉에서 C의 2음봉으로 확장된 음봉수만큼 추가 하락하는 상태에서 바닥이다.

1음, 1음, 2음 바닥… 꾹꾹 눌러담기

〈그림 144〉와 〈그림 145〉는 상승 추세로 전환되는 과정에서 나타나는 하락합 하락 패턴
인데 반하여 〈그림 146〉은 급등 직전의 하락 과정에서 나타나는 모습이다. A의 1음봉과 B
의 1음봉이 순차적으로 하향이고 C의 2음봉은 최후의 투매 기운이 느껴지는 바닥인데, 그
후 급등이므로 물량을 쥐어짜는 바닥이다.

그림 146　〈주〉 NH투자증권(016420)

급등 직전의 마지막 겁주기… 하락차 하락(2.1.1)에서 하락합 하락(1.1.2)

주식 투자의 수익은 마음 졸임의 대가이다. 급등하기 직전에는 여러 가지 다양한 마음졸임 패턴이 형성된다. 그 가운데 대표적인 것이 하락합 하락이다. A의 1음봉과 B의 1음봉을 더한 2음봉이 C에서 형성되고 더 이상의 매도가 보이지 않는 가운데 급등 진입이다. 구름층 돌파 후 지지가 포인트이다.

그림 147　〈일〉알앤엘바이오(003190)

전고점 돌파 후 지지 확인 과정… 하락차 하락(2.3.1)에서 하락합 하락(1.1.2)

A의 1음봉 바닥은 1양봉에 추가된 것이고 B의 1음봉 바닥은 2양봉에 추가된 것이다. 상승이 1양봉에서 2양봉으로 확장인데 하락이 1음봉으로 제한적이니 상승은 또 다시 2양봉에서 3양봉으로 확장되어 전고점 돌파이다. 전고점 돌파 후 전고점의 지지 효과는 A의 1음봉과 B의 1음봉을 더한 2음봉으로 확인되었다. 전고점 돌파 2양봉 천정에서 2음봉 바닥이다.

1음, 1음, 2음… 급등 직전 눌림목

주가가 상승하는 것은 매도자가 매도가보다 비싼 가격으로 되사거나 주가 상승을 보고 신규 매수세가 개입하는 것을 의미한다. 신규 매수자의 시장 진입은 최근 매도자의 합보다 추가 상승하는 것에서 나타나는데, A의 1음봉 하락과 그 직전 1음봉 하락을 더한 2양봉 출현이 A바닥에서 나타나는 것이 매도자의 재매수에 준하는 것이 된다. 그런데 A바닥에서 5양봉 출현이므로 3양봉이 추가되었다. 이것이 신규 매수자이다. 신규 매수자를 떨구는 과정이 5양봉 천정에서 형성된 1음봉과 2음봉이다. 결과적으로 보면 A의 1음봉과 B의 1음봉을 더한 2음봉이 C바닥에서 나타난 것이 되었다.

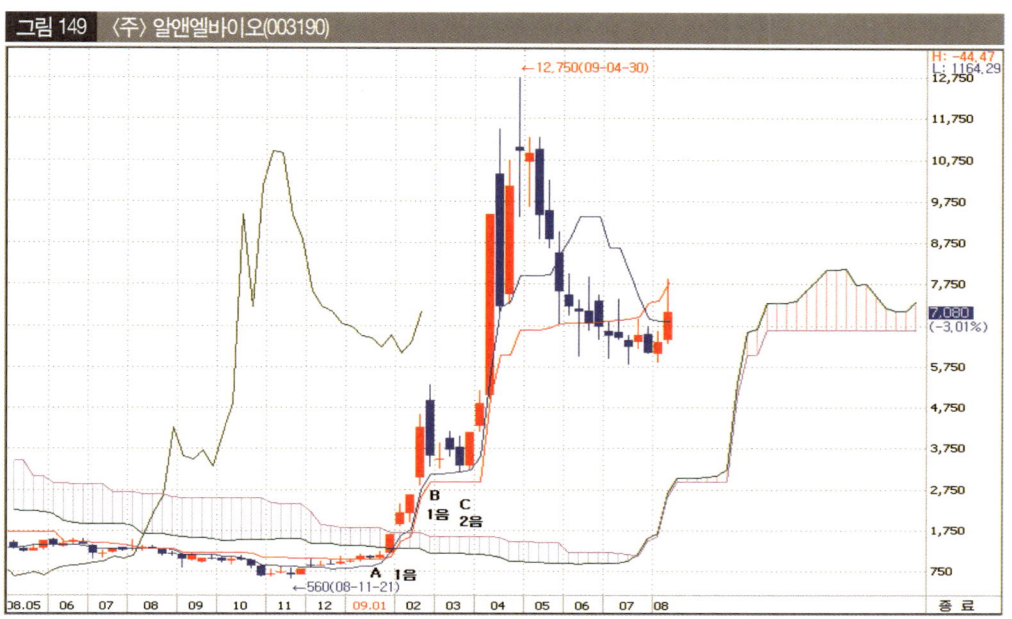

201

1음, 2음, 3음 바닥⋯ 삼중 바닥 형성 과정⋯ 상하차 상승 신고가⋯ 1양, 3음, 2양 직전 고점 돌파

하락 추세를 상승으로 전환시키는 주가 바닥은 일반적으로 3개의 바닥으로 구성되는데, 〈그림 150〉에서 A의 1음봉은 좌측 바닥이고 B의 2음봉은 가운데 바닥이며 C의 3음봉은 가운데 바닥이다. 삼중 바닥 패턴에서 가운데 바닥 반등 천정과 좌측 바닥 반등 천정이 순차적으로 돌파되며 상승 추세로 전환된다. C바닥에서 B의 2음봉과 C의 3음봉을 더한 5양봉이 1양, 1양, 3양의 형태로 나타나고 있다.

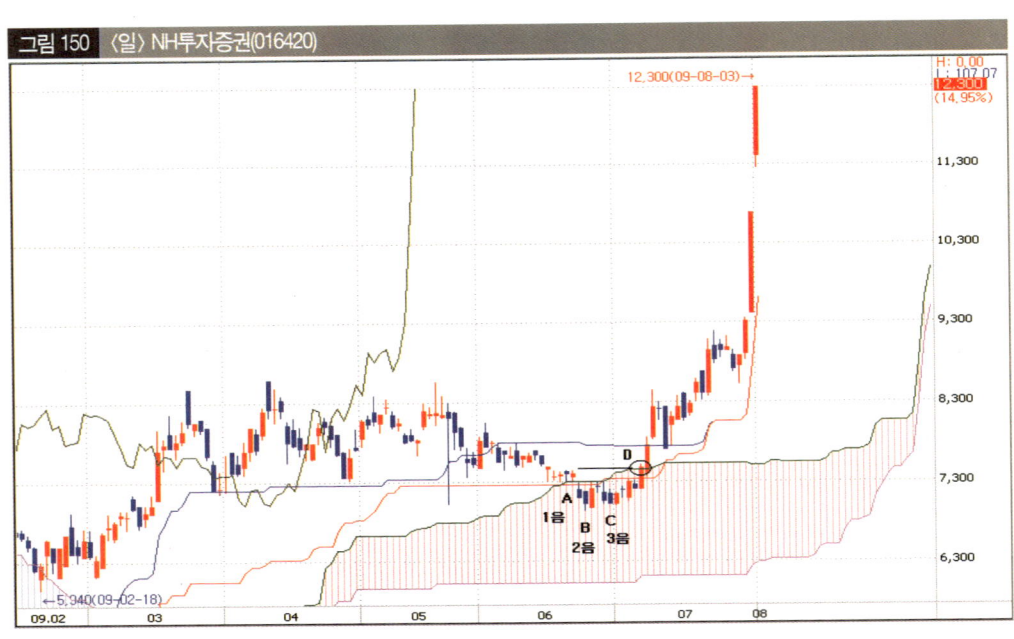

1음, 2음, 3음 하락… 상하차 상승 미 신고가… 1양, 3음, 2양 직전 고점 미돌파

조정을 마무리하는 것처럼 보이는 가장 일반적인 주가 패턴이 3군데의 바닥이 원형으로 형성되는 것이다. A의 1음봉이 좌측 바닥이고 B의 2음봉이 가운데 바닥이며 C의 3음봉 바닥이 우측 바닥이다. 우측 바닥에서 형성되는 반등이 가운데 바닥 반등 천정을 돌파시키지 못할 경우, 우측 바닥 붕괴로 새로운 하락 기운이 형성된다. 1양 천정, 3음 바닥에서 2양봉으로 전고점 미돌파 천정이다.

그림 151 〈주〉NH투자증권(016420)

2음, 1음, 3음 바닥… 하락 축소 후 하락 확장… 반등 천정 형성

〈그림 152〉는 월간 차트이다. A의 2음봉 바닥에서 B의 1음봉 바닥은 하락의 완화로 보이나 B바닥에서 나타난 상승이 미약하다. 하락이 완화된 상태에서 나타난 반등이 미약하여 하락이 강화된 위치가 C음봉 바닥이다. 하락이 완화된 상태에서 반등이 미약하면 하락이 강화된다. 2음, 1음을 더한 3음의 C의 위치가 1음 바닥인 B의 위치보다 높아 매수 세력의 존재를 암시하고 이후 매도자의 고가 재매수를 끝으로 하락 전환이다.

하락차 하락(下落差 下落)

1음, 2음, 1음 바닥… 점진적 상승형… 2양, 1음, 1양 장악

주가운동의 진행은 하락이 강화되는 과정과 하락이 약화되는 과정이 반복이다. 하락이 강화되는 것은 1음에서 2음으로 되는 것이고, 하락이 약화되는 것은 2음에서 1음이 되는 것인데, 이 둘을 연결하면 1음, 2음, 1음 바닥이 된다. A, B, C와 E, F, G가 같은 패턴이다. 1음, 2음, 1음을 셋 모두 합하면 4개가 되므로 상승으로 전환될 경우 적정 상승은 4개의 양봉이다. C바닥에서 2양, 1양, 1양으로 4양 형성 후 뚝 떨어뜨린 바닥에서 급등이다.

E, F, G의 1음, 2음, 1음 바닥에서는 H까지 6개의 양봉으로 적정 양봉수 4개 대비 2개 초과로 2개 상쇄 후 다시 상승세로 진입한다. 양봉 4개째인 K에서 조정 후 L까지 6개 양봉이 다시 형성된다. J의 2개 음봉에서 L까지 6개 양봉이므로 4개 초과된 양봉의 거품을 빼기 위해

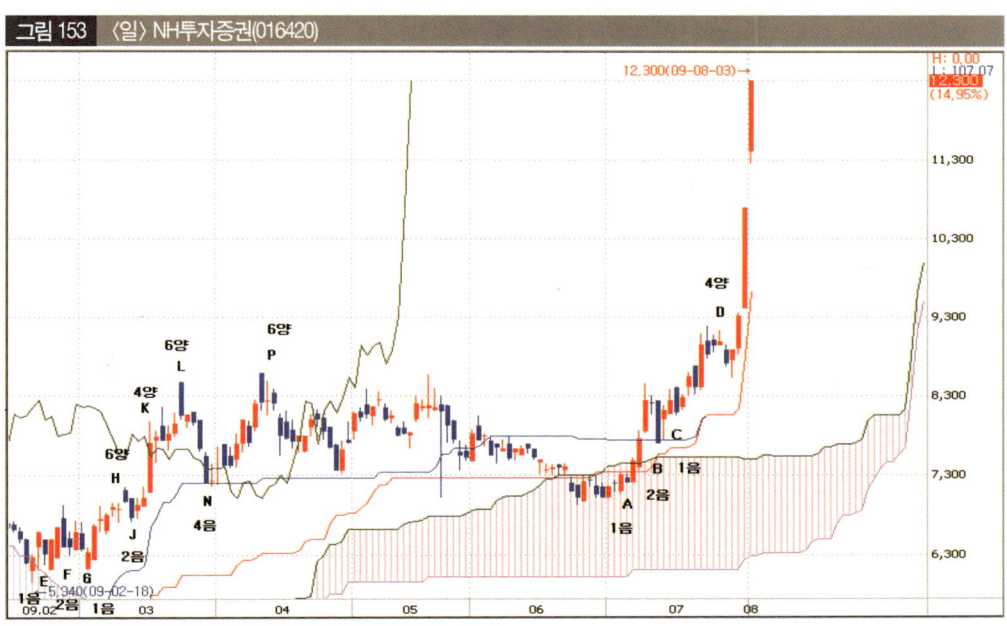

그림 153 〈일〉 NH투자증권(016420)

205

N까지 4개의 음봉이다. J의 음봉 2개와 N의 4음봉을 더한 6음봉에 대한 반작용으로 P까지 6 양봉이다.

1음, 2음, 1음 바닥⋯ 확장~축소 조정 바닥

1음, 2음, 1음 바닥에 대한 예제를 다양하게 제시하는 이유는 실전에서 매우 빈번하게 그리고 아주 다양한 모습으로 나타나기 때문이다. 〈그림 154〉에서는 1음, 2음, 1음 바닥에서 2음과 1음을 더한 3음이 2음과 1음의 3양으로 전환 후 2음 조정하여 1음, 1음, 2음 바닥에서 4양(=1+1+2) 급상승 진행이다.

1음, 2음, 1음 바닥 … 상승 하락형 … 2양 상승 , 3양 급등

〈그림 155〉는 1음, 2음, 1음 바닥이 아래가 오목한 원형으로 형성되고 있다. C의 1음 바닥
이 마지막 충격을 흡수하는 위치이자 3월에서 5월 까지 형성된 3중 천정을 돌파 후 지지를
확인하는 위치이기도 하다. A, B, C의 1음, 2음, 1음 바닥에서 1음, 2음, 1음 합한 4음이 4양으
로 전환되어 급등이다.

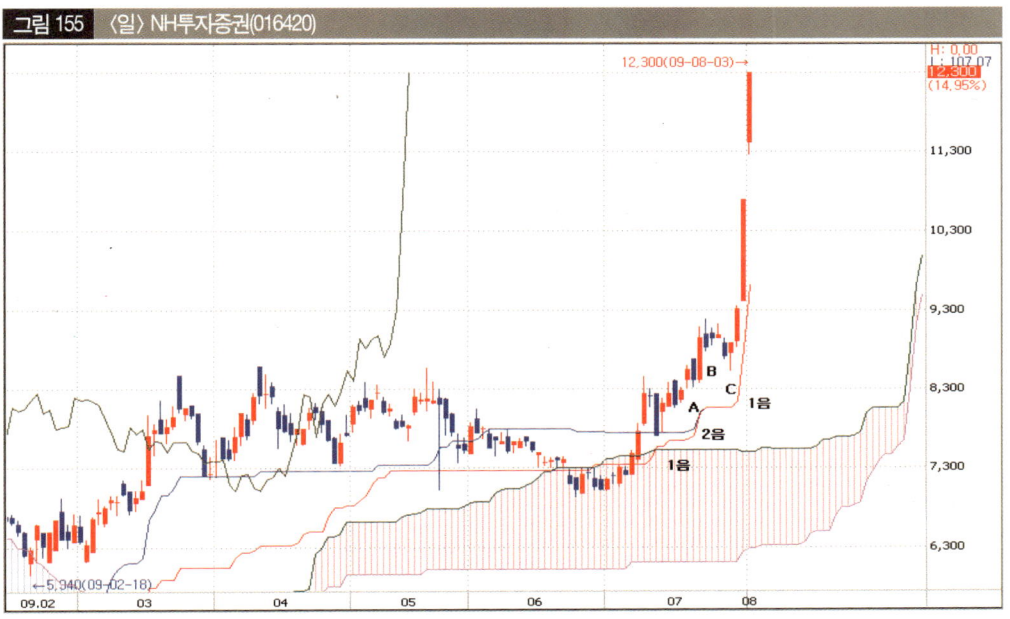

1음, 2음, 1음… 신고가 1양 천정

〈그림 156〉은 월간 차트이다. A, B의 1음, 2음 바닥과 상당히 공간적으로 높은 위치에서 C의 1음봉이 형성된 모습이다. 이 경우 C바닥에서 1양 급등 다음 캔들에서 천정 기운이 형성되는 모습이다. B의 2음봉과 C의 1음봉의 차이에 해당하는 1음봉이 1양봉으로 전환된 후 D에서 천정이다.

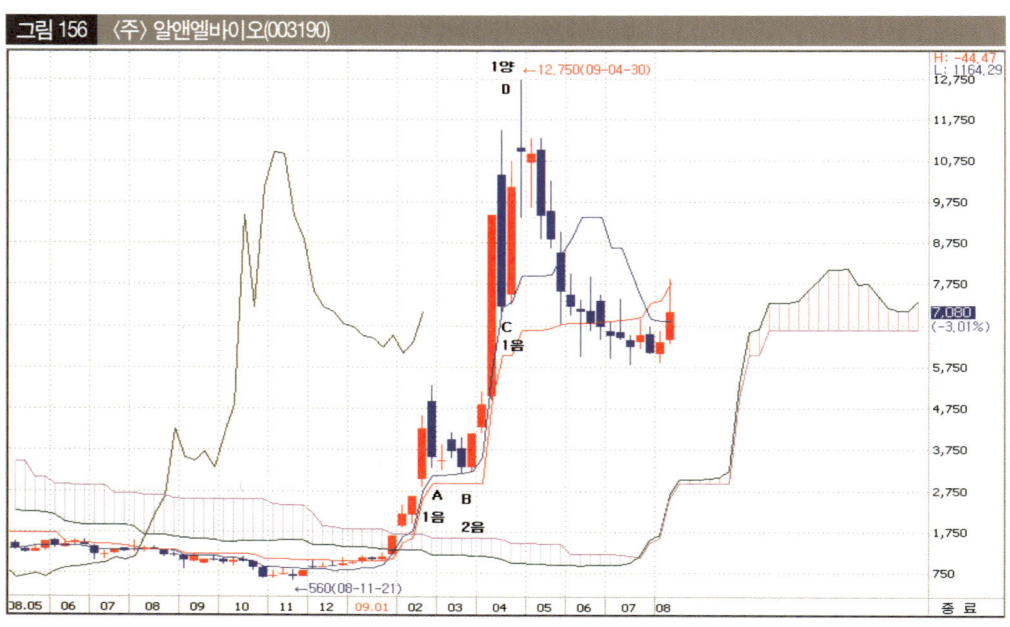

2음, 1음, 1음··· 2+1+1=4··· 6양 상승··· 추가 2양 상승

2음, 1음, 1음 패턴은 2음봉이 1음과 1음으로 분산된 위치에서 매수세가 형성되는 패턴이다. 적정 상승은 2음과 1음, 1음을 합한 4음에 해당하는 4양봉이나 과매수 상황에서는 양봉이 2개 추가되는 6양봉이 형성되어 4양봉 위치가 지지선으로 작용하여 추가 상승이 진행된다.

그림 157 〈일〉현대EP(089470)(2009, 02, 25 ~ 2009, 08, 14)

2음, 1음, 1음… 1양, 2음 조정 후 급등

2음, 1음, 1음 바닥에서 상승으로 전환되는 과정은 다양하다. 〈그림 158〉은 A, B, C의 2음, 1음, 1음 바닥에서 1양 급등 후 B의 1음과 C의 1음을 더한 2음 조정 후 1음, 1음, 2음 패턴을 형성하여 다시 1양봉으로 신고가를 형성하며 급상승으로 진입이다. 공간적으로 구름층 저항 돌파 후 지지가 관건이다.

2음, 1음, 1음… 7양 상승

A의 2음봉과 B의 1음봉 그리고 C의 1음봉 바닥은 아래가 볼록한 원형 바닥이다. 2음, 1음 1음 바닥에서 적정 상승은 2음과 1음 그리고 1음을 더한 4양봉이 되나 7양봉까지 진행되어 대음봉으로 조정시 4양봉 위치의 지지로 추가 2양봉이 형성된 상태에서 매도 포인트가 형성되고 있다.

그림 159 〈일〉 다날(064260) (2009. 02. 25 ~ 2009. 08. 14)

2음, 3음, 1음 바닥… 확장~축소 조정 바닥… 4양, 2음 조정 후 계단식 상승

A, B, C 바닥은 타이쿤 차트에서 양의 구름층 내부의 지지에 의해 원형 바닥을 이루면서 상승으로 전환되는 모습이다. A의 2음에서 B의 3음으로 전개시 1음이 초과이므로 1양봉으로 고점을 만든 다음 C의 1음으로 추가 조정 바닥에서 급상승으로 전환시키는 확장, 축소, 바닥 패턴이다. 먼저 B의 3음과 C의 1음을 더하여 그 반작용으로 1양, 3양의 4양으로 전환 후 2음 조정 다음 계단식 상승이다.

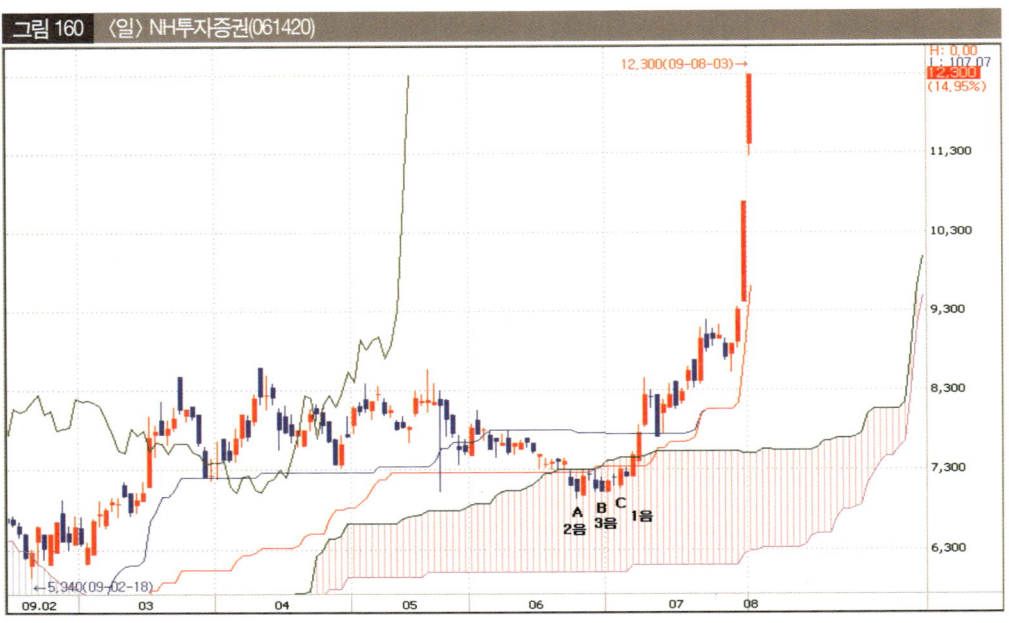

2음, 3음, 1음 바닥…5양, 1음 조정 후 급등 진입

〈그림 161〉은 주간 차트이다. A의 2음봉 바닥에서 B의 3음봉 하락은 1음봉 확장이다. 그러므로 반등 천정에서 1음봉 추가 하락 후 상승으로 전환된다. C의 1음봉 바닥에서 나타나는 상승은 강하게 형성될 필요가 있다. 2음, 3음, 1음을 더하면 6양 상승이 적정하나 1양, 1양, 3양의 5양 상승일 경우 1음봉 조정 바닥에서 다시 재상승 기운이 형성되어야만 한다.

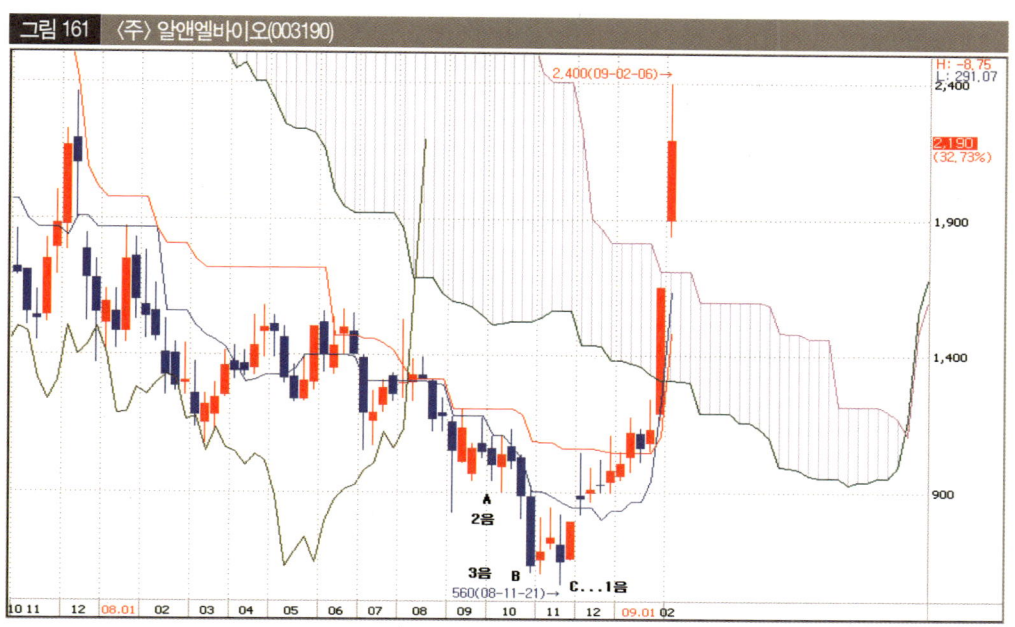

2음, 3음, 1음 바닥… 2양, 1음 조정 후 3양 급등

2음, 3음, 1음 바닥은 1음, 2음, 1음 바닥과 같이 조정이 2음에서 3음으로 확장된 상태에서 그 차이만큼 1음 바닥이 형성되는 확장~축소 패턴인데, 가장 출현 빈도도 높고 상승으로 전환되는 패턴도 다양하다. 〈그림 162〉에서는 B의 3음과 C의 1음의 차이에 해당하는 2양 상승 후 1음 조정 다음 3양 급등이다.

3음, 1음, 2음… 축소~확장 조정 바닥

3음, 1음, 2음 바닥은 3음에서 1음으로 조정이 축소된 바닥에서 다시 그 차이에 해당하는 2음봉으로 조정이 확장되는 패턴이다. 조정이 확장되는 듯한 바닥에서 예상 외의 급등이 출현하는데, 적정 상승은 3음, 2음, 1음의 연관된 캔들의 합인 음봉 6개가 4양, 2양의 양봉으로 6개로 전환되는 것이다.

그림 163 〈일〉 다날(062460) (2009. 02. 25 ~ 2009. 08. 14)

3음, 4음, 1음 바닥… 확장 축소 조정 바닥… 3+4+1=7

3음, 4음, 1음 바닥도 3음에서 4음으로 확장 하락 후 그 차이에 해당하는 1음으로 바닥이 형성되므로 확장~축소 조정 바닥이다. A의 3음과 B의 4음 바닥에서 추가 1음인 C바닥을 형성하고 1음, 4음에 해당하는 1양, 4양 상승 후 조정을 거쳐 3양에 해당하는 추가 상승으로 진입하는 모습이다.

4음, 1음, 2음, 1음 바닥…배분 바닥

4개의 음봉 바닥에서 음봉 4개에 해당하는 1음, 2음, 1음이 추가로 진행된 바닥에서 급등이 나타나는 패턴이다. 이같이 복수의 음봉이 형성된 상태에서는 그에 해당하는 작은 음봉이 분할하여 채워지는 위치에서 급상승으로 전환되는지 여부가 중요한 포인트가 된다.

4음, 3음, 1음 바닥… 축소~축소 조정 바닥

4음, 3음, 1음 바닥은 4음에서 3음으로 조정이 축소된 후 그 차이에 해당하는 1음봉이 추가된 위치에서 상승으로 반전되는 패턴이다. 이는 〈그림 165〉와 같은 모델로서 복수의 음봉으로 형성된 4음봉 바닥에서 4음봉에 해당하는 1음봉과 3음봉의 분할 배분 바닥을 형성하는 것이다.

그림 166 〈주〉 NH투자증권(016420)

상승 패턴… 천정 패턴

하락합 상승(下落合 上昇)

1음, 1음, 3양 상승

상승 패턴의 기본은 최근 하락기에 형성된 하락 음봉을 더한 만큼의 양봉수가 형성되는 것이다. 주가 상승이 좀 더 가속화되기 위해서는 적용하는 최근 하락기의 숫자를 늘려가면 된다. A의 1음봉과 B의 1음봉을 더하면 캔들이 2개가 되므로 B바닥에서 예상되는 적정 양

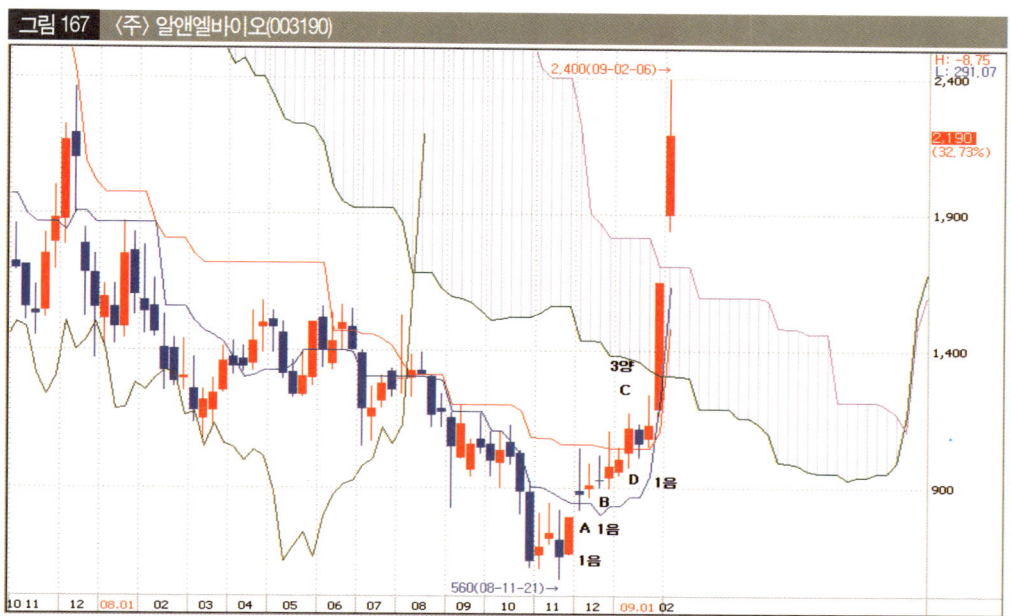

그림 167 〈주〉 알앤엘바이오(003190)

봉의 숫자는 2개이다. 그러나 좀 더 상승 가속되는 경우에는 A 직전 주가 하락기의 1음봉을 추가하면 된다.

즉, A직전 1음봉과 A의 1음봉 그리고 B의 1음봉을 더한 3양봉이 추가 가속 예상시의 적정 양봉수이다. 실제로 B바닥에서 C까지 3개의 양봉이 형성된다. 이 경우 최근 2번의 하락기의 음봉수의 합보다 1개의 양봉이 초과된 상태이므로 D의 1음봉으로 초과 상승한 부분을 상쇄시킨 후 1양봉 신고가로 급속 상승이다.

1음, 1음, 5양 상승

A의 1음과 B의 1음을 더하면 2음인데 C에서는 5개의 양봉이다. 최근 2번의 하락기의 양봉수를 더한 것보다 추가적으로 상승이 가속되는 경우 두 가지 계산 방법이 있는데, 첫째는 적용되는 최근 하락기의 숫자를 늘려가는 것이고, 둘째는 최근 2번의 하락기 사이에 형성된 양봉 양자에 형성된 양봉수를 추가하는 것이다. A의 1음봉과 B의 1음봉 그리고 A와 B사이의 음봉 양자 사이에 형성된 양봉 양자에 포함된 양봉 3개를 모두 합하면 5캔들이 되는데 B 바닥에서 C천정까지 양봉 5개 출현이다.

주가 상승기의 심리는 이래서도 사고 저래서도 사는 것이다. A의 1음봉과 B의 1음봉을 더한 2캔들이 2양봉으로 전환되고 A와 B 사이의 3양봉은 원래 양봉이니까 다시 양봉으로 작용해서 C의 5개 양봉이 된다는 논리이다. 주가 상승기에는 호재는 호재니까 매수하고 악

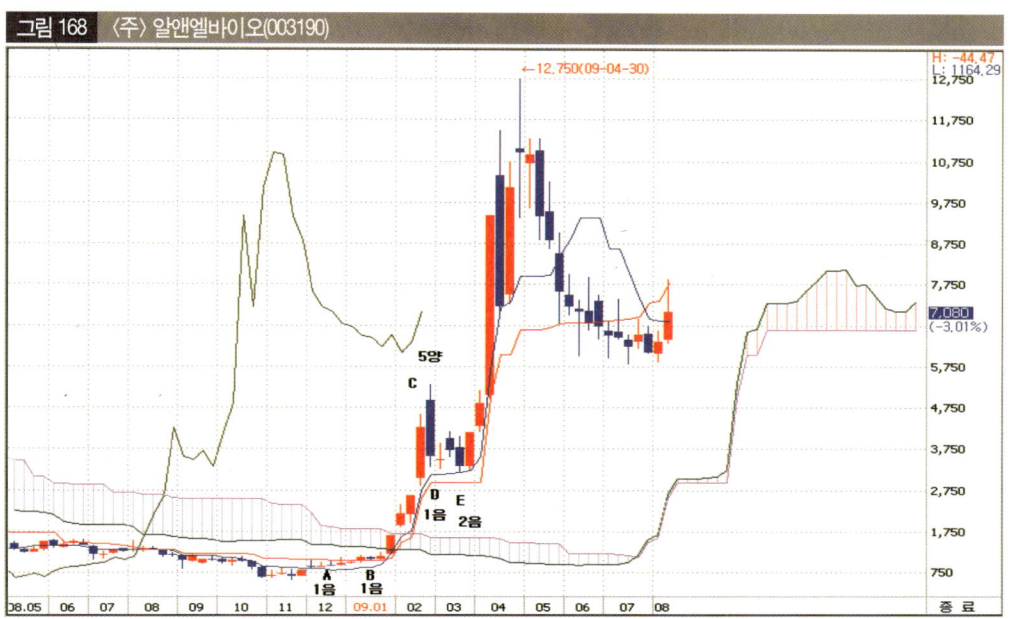

그림 168　〈주〉 알앤엘바이오(003190)

221

재는 악재가 출현해서 노출되었으니까 노출된 악재는 매수한다는 논리가 되는 것이다.

A의 1음봉과 B의 1음봉을 더하면 2양봉이 적정한데 C의 5양봉은 적정 수준에 비해 3양봉 초과이므로 D의 1음봉과 E의 2음봉을 더한 3음봉 출현으로 초과 매수된 부분인 3양봉을 상쇄한 후 다시 상승 추세가 진행된다.

1음, 2음, 3양 상승

〈그림 169〉는 〈그림 168〉의 조정 바닥 E에서 적정 상승 목표치를 구하는 것이다. 상승 목표치는 일반적으로 공간적 목표치를 이야기하나 양자론으로 인해 양봉이 추가적으로 몇 개 생기는 것이 적정한 것인가 하는 양자론적 목표치 측정이 가능하다. A의 1음과 B의 2음을 더한 3양봉이 B바닥에서 계산되는 적정 양봉 개수 추정치이다. C에서 3개의 양봉이 완성되자 경계 매물이 출회된다. A의 1음봉과 B의 2음봉 사이의 1양봉까지 추가할 경우 4캔들이 되어 B바닥에서 4양봉째가 보다 상위의 목표치가 된다.

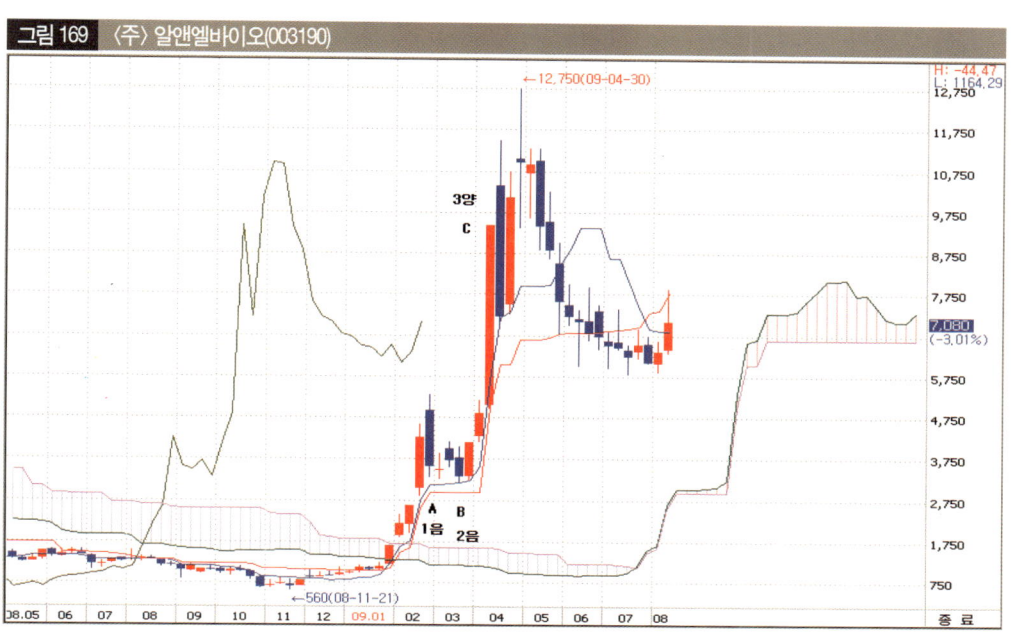

그림 169 〈주〉알앤엘바이오(003190)

1음, 2음, 4양 상승

〈그림 169〉는 주간 차트이고, 〈그림 170〉은 월간 차트이다. A의 1음봉과 B의 2음봉을 합하여 B바닥에서 3개의 양봉이 적정하나, C에서 4개의 양봉이 나타나 1양봉이 초과 매수이고 초과 매수된 1양봉이 D의 1음봉으로 상쇄된 후 대양봉이 출현되며 추가 상승으로 진행된다. A의 1음봉과 B의 2음봉 사이에 형성된 1양봉을 더하면 4개의 캔들이 되므로 C의 연속 4개 양봉이 설명된다.

1음, 3음, 6양

타이쿤 차트에서 음의 구름층을 돌파한 후 지지를 확인하면 양의 구름층 상공으로 진입하며 장기 상승세로 진입할 가능성이 열린다. A의 1음 바닥과 B의 3음 바닥 그리고 그 사이의 2양 상승 합해서 6캔들이 B바닥에서 가속 상승시 출현 예상 양봉수가 된다. C의 6연속 양봉에 대한 근거가 된다.

그림 171 〈일〉다날(064260)(2009. 02. 25 ~ 2009. 08. 14)

1음, 5음, 7양

〈그림 172〉는 월간 차트이다. A의 1음봉과 B의 5음봉을 더하면 6캔들이 되는데 B바닥에서 C까지 7개의 양봉이 출현하여 적정 양봉수 6개 대비 1양봉 초과 상승이다. 초과 상승한 부분을 해소하기 위해서 D의 1음봉이 출현하고, 그 후 신고가 형성되며 본격 상승 추세로 진입한다. B의 5개 음봉은 최근 3번의 양봉 양자에서 형성된 2양, 1양, 3양 모두 합해 5개의 양봉이 음봉으로 전환된 것이다. 2양, 1양, 2양 천정에서 관련 캔들이 모두 음전환된 바닥에서 새로운 상승으로 진입하는 것이다.

2음, 1음, 5양 천정… 상승합+2양

〈그림 173〉에서는 A의 2음봉과 B의 1음봉을 더한 3양봉 상승이 적정한 상승이나 C에서 5양봉 출현하여 적정 양봉수 3개에서 2양봉이 초과 상승하여 초과된 2양봉을 상쇄시키기 위해 D의 2음봉이 출현한 다음 새로운 상승세가 나타난다. D바닥에서 4양봉 출현은 A바닥 이후 1양과 B바닥 이후 5양의 차이에 해당하는 4양 출현 상태에서 약세론자에 의한 경계매물이 출현한 것이다. 상승차 상승이다.

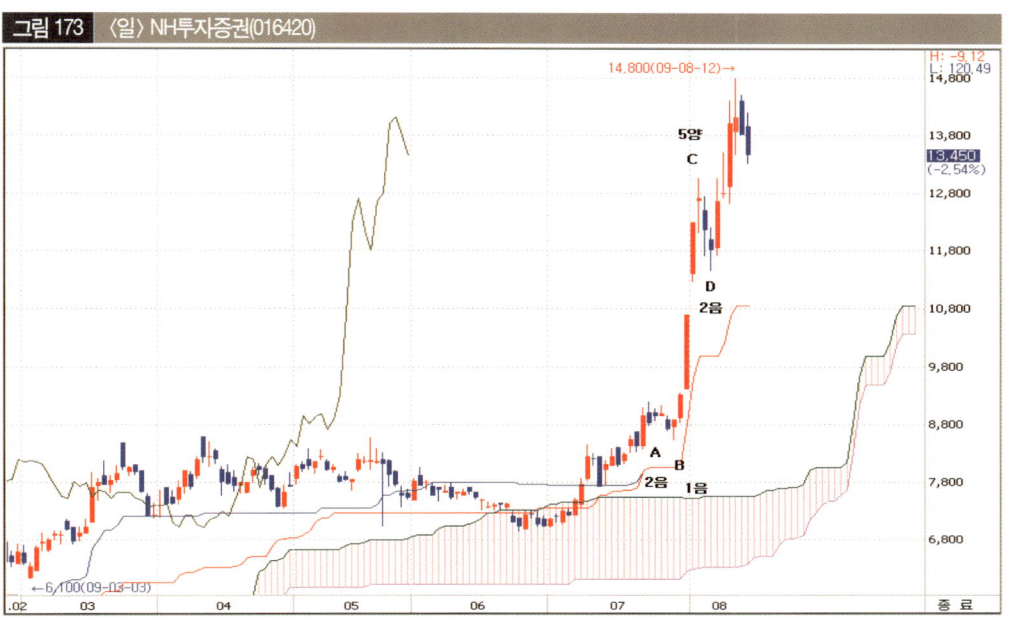

2음, 1음, 3양 상승… 2음, 1음… 2양, 1양

〈그림 174〉에서 나타나는 모델은 2음, 1음 바닥에서 적정 양봉수 3개가 2양, 1양으로 나타나는 것이다. 즉, 2양이 2음에 대응하고 1양이 1음에 대응하는 것이다. A의 2음과 B의 1음을 더하면 3캔들이므로 B바닥에서 3개의 양봉이 적정 상승 양봉수가 되는데, C의 2양과 D의 1양으로 합하여 3양이다.

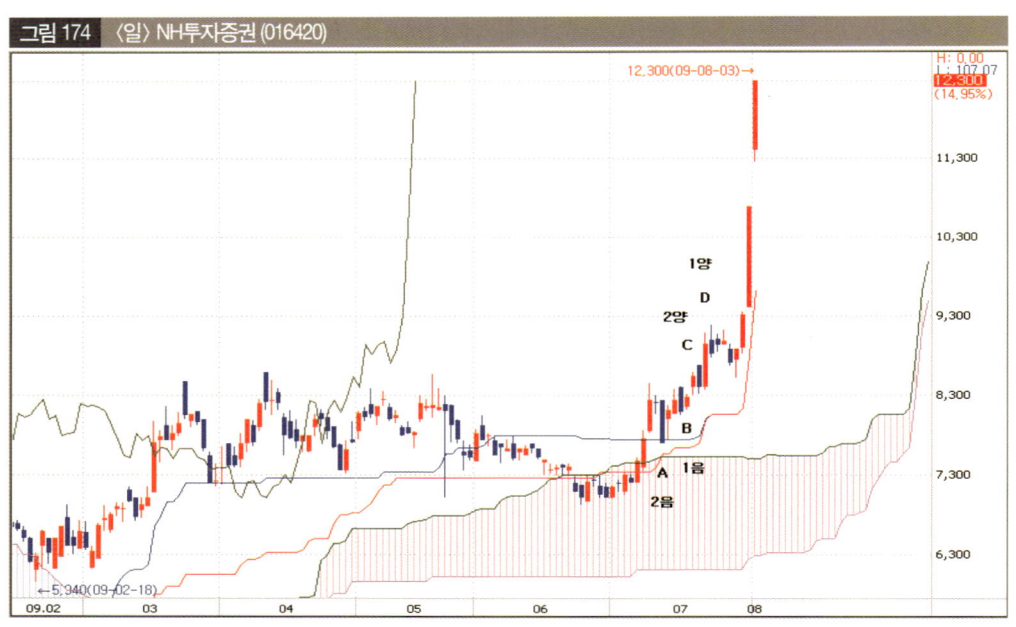

2음, 2음, 4양 상승⋯ 2+2=4

〈그림 175〉는 월간 차트이다. A의 2음봉과 B의 2음봉 합하여 4음봉 하락이 반전되어 C의 4양봉 상승으로 나타난 것이다. A 이전의 음봉 양자를 살펴보면 A음봉 양자 좌측으로 2음봉, 3음봉이 나타나는데, 이에 대등되는 것이 C의 4양봉 다음 2양봉과 3양봉이다. 최근 복수의 음봉 양자 내부의 음봉수가 상승 양봉수로 전환되는 것이다.

3음, 1음, 4양 상승… 3+1=4

〈그림 176〉에서 A의 3음봉 하락과 B의 1음봉 하락을 합한 4개의 음봉이 방향을 바꾸어 C
에서 4개의 양봉으로 전환 상승이다. 양봉은 방향을 바꾼 음봉의 다른 이름이다. 음봉 양자
A와 음봉 양자 B 사이의 양봉 양자 내 양봉의 개수가 1개인데, 양봉 1개에서 양봉 4개로 진
행시 초과된 3양봉을 C 이후의 3음봉으로 상쇄하고 다시 상승 진입이다. 상승차 하락이다.

3음, 1음, 5양 상승··· 3+1=4··· 5=4+1··· 1양 추가

A의 3음봉 바닥과 B의 1음봉 바닥에서 상승 추세로 반전될 경우 추정 가능한 적정 양봉수는 4개이다. 그런데 B바닥에서 C의 1양봉과 D의 1양봉 그리고 E의 3양봉까지 3번의 양봉 양자가 내포한 양봉의 숫자는 5개로서 적정 양봉수 4개 대비 1양봉 초과이므로 F에서 1음봉으로 상쇄 후 1양봉 신고가 급등이다.

그림 177   〈주〉 알앤엘바이오(003190)

4음, 1음, 5양 상승… 4+1=5

A의 4음봉 하락과 B의 1음봉 하락을 합하면 적정 양봉수가 5개가 되는데, B를 바닥으로 추세가 상승으로 반전되면서 양봉이 1개와 4개로 구성되는 2번의 양봉 양자가 형성되며 적정 양봉수 4개를 충족시킨다. B의 1음 그리고 그 후의 2음을 합한 적정 양봉수 3개 대비 D의 4양봉은 1양봉 초과이므로 1음봉 상쇄 후 대양봉 출현이다.

5음, 2음, 10양 천정… (5+2)+(5-2)=7+3=5+5=10… **차감 되먹임**

A의 5음봉과 B의 2음봉을 더한 7개의 음봉이 상승 전환될 때 7개의 양봉이 적정 상승 양봉수가 되나, D까지 10개의 양봉이 형성되어 C위치의 7양봉 위치를 지지로 추가 상승이 나타난다. 2개의 운동을 더한 것보다 추가적인 운동이 나타날 때 이를 되먹임이라고 하는데, 되먹임의 종류는 세 가지이다. 첫째는 강한 쪽을 한 번 더 작용시키는 것이고, 둘째는 약한 쪽을 한 번 더 작용시키고, 셋째는 강한 쪽과 약한 쪽의 차이를 한 번 더 작용시키는 것이다.

첫째의 경우 적정 양봉수는 (5+2)+5=12개가 되고, 둘째의 경우 적정 양봉수는 (5+2)+2=9개가 되며, 셋째의 경우 적정 양봉수는 (5+2)+(5-2)=10개가 된다. 이는 강한 쪽의 양봉수를 두 배로 한 것과 같다.

차감 되먹임은 강한 쪽 움직임의 두 배에 해당한다. A의 음봉이 5개이고 B의 음봉이 2개

그림 179 〈일〉 바이넥스(053030)

이므로 강한 쪽인 A의 음봉수가 5개이다. 그러므로 5개 음봉수의 두 배에 해당하는 양봉수 10개가 차감 되먹임의 적정 양봉수가 되는 것이다.

2음, 6음, 8양 천정… 2+6=8

A의 2음과 B의 6음을 합하면 8음이 되어 8양이 적정 양봉수가 되는데, C의 2양, D의 1양, E의 2양, F의 3양을 더하여 8양 상승이다. 차감 되먹임을 적용하면 강한 쪽의 두 배가 되는데 6+6=12개 양봉이 되며, 강한 쪽을 되먹임하면 (2+6)+6=14개 양봉이 된다. 14개 양봉은 10월 초 천정 위치이다.

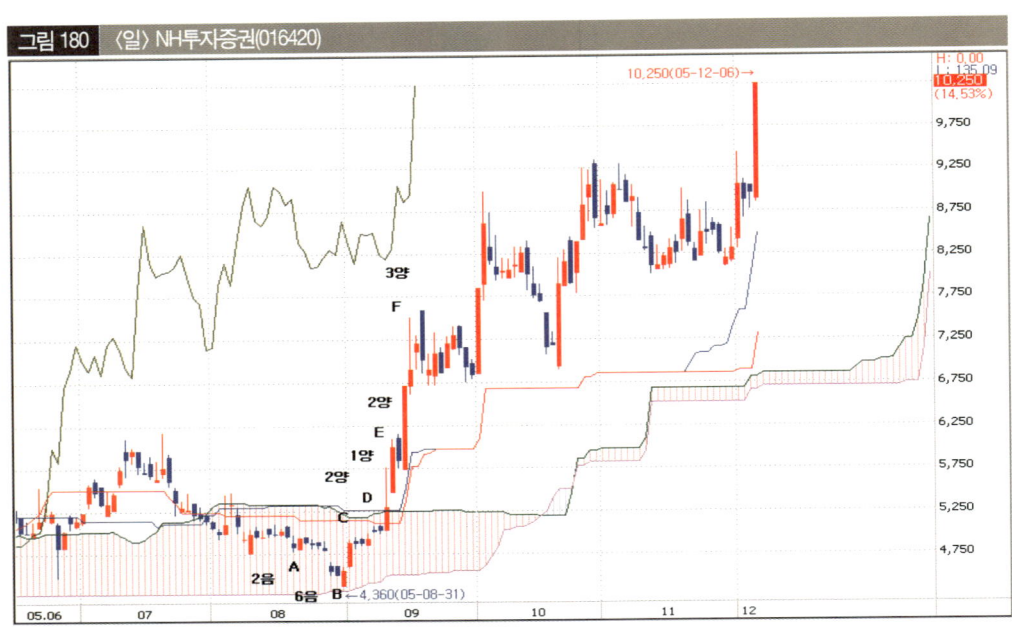

3음, 1음, 4양 천정… 3+1=4

A의 3음봉과 B의 1음봉을 더하면 4음봉이 되므로 B바닥에서 적정 양봉수는 4개가 된다. C의 1양봉과 D의 3양봉으로 4양봉이 충족된다. 3양, 1음 하락이 1양, 3양 상승으로 전환된 것이다. 먼저 1음봉에 매도한 사람이 1양봉에 재매수하고 3음봉에 매도한 사람이 다음으로 재매수한 것이다.

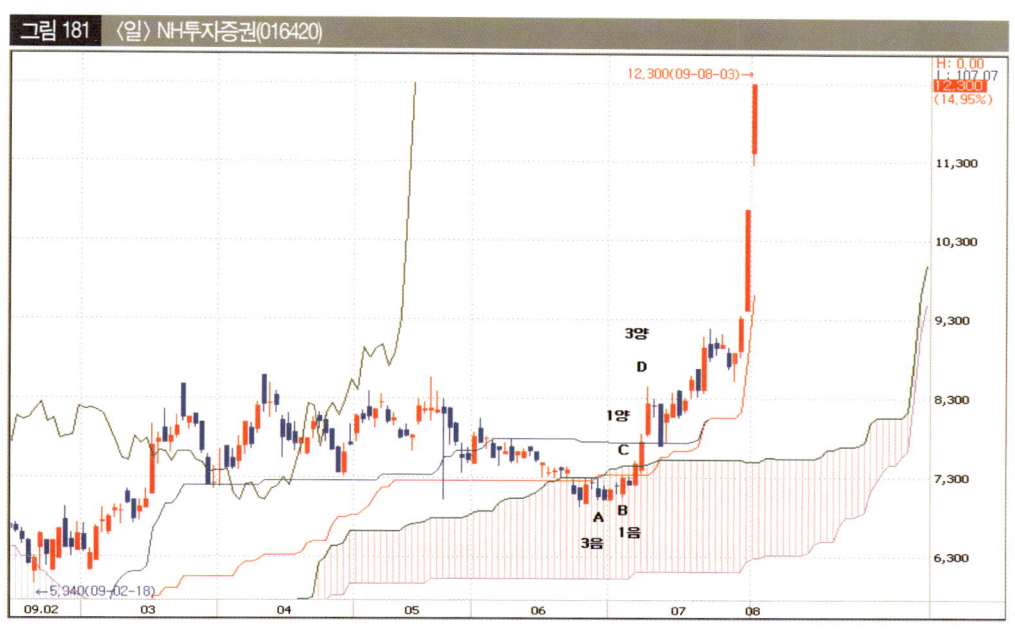

하락차 상승(下落差 上昇)

4음, 3음, 1양… 1음 바닥에서 1양으로 돌파

A의 4음과 B의 3음은 하락이 축소된 것이다. 하락하는 추세에서 하락이 축소되는 것은 반등으로 나타나는 것인데, 이 하락 추세에서는 반등 후의 하락이 큰 폭인 경우가 일반적이다. 그런데 〈그림 182〉와 같이 A의 4음과 B의 3음의 하락 차로 인한 C의 1양봉 천정 이후 하락이 약할 경우, C의 1양 천정이 돌파되며 상승 추세로 반전이다. 1음 바닥에서 1양으로 신고가되며 집중 매수세로 양봉 연속이다.

그림 182 〈주〉 NH투자증권(016420)

2음, 1음, 1양… 1음 바닥에서 1양으로 미돌파

상승 추세가 상당히 진행된 상태에서 하락이 완화된 하락차 하락이 나타나는 경우 분위기로는 새로운 상승의 출발인 듯하나 하락차에 해당하는 상승이 완료된 위치에서 의외의 천정이 형성되는 경우도 빈번하므로 유의해야 한다. A의 2음 하락에서 B의 1음 하락은 1음 축소로서 축소된 1음이 1양으로 전환된 다음 캔들인 C에서 이식 매물 집중 출회로 천정이 형성되고 있다. C천정 이후 1양봉으로 전고점 미돌파 상태인 것을 확인 후 연속 매도로 하락 추세화 진입이다.

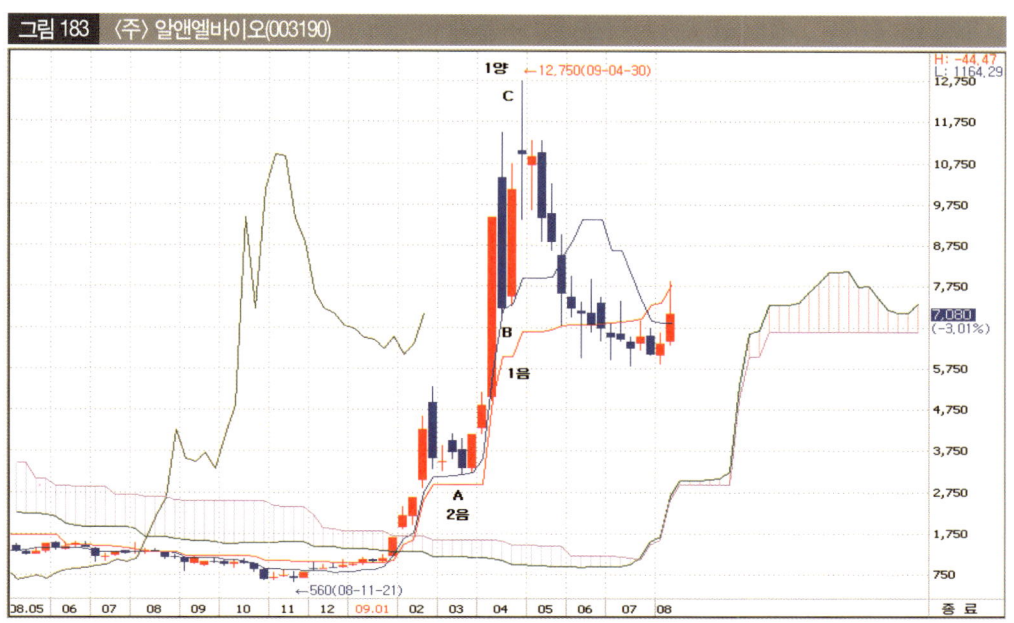

하상합 상승(下上合 上昇)

주가가 하락할 것으로 예상될 때 매도하는 경우는 두 가지이다. 첫째는 하락하는 시세에 추격 매도하는 것이고, 둘째는 반등시 매도하는 경우이다. 하상합 상승은 하락시 매도자와 반등시 매도자가 주가가 상승으로 반전하면서 되사는 것으로 인해 상승하는 것이다.

A의 3음봉과 B의 1양봉을 합한 C의 4양봉은 약세관으로 인한 매도세가 매도한 주식을 다시 매수하면서 상승하는 것이다. B의 1양봉 대비 C의 4양봉은 3양봉 초과 매수이므로 C 천정에서 초과된 3양봉을 3음봉으로 상쇄시킨 후 다시 상승세 진행이다.

1음, 3양, 5양 상승

A의 1음봉 하락과 B의 3양봉 상승의 차이는 2캔들이고 합은 4캔들이다. B의 3양 천정에서 적정한 하락은 3양과 1음의 차이에 해당하는 2음봉이나 1음봉으로 바닥이다. 초과 상승한 2양봉이 미상쇄된 것이다. 이 경우 적정 추가 상승은 A의 1음과 B의 3양을 더한 4양이나 미상쇄된 1양이 추가되어 C의 5양봉이 된 것이다. 하상차 하락과 하상합 상승은 연관된 움직임이다.

그림 185　〈주〉 알앤엘바이오(003190)

239

하상차 상승(下上差 上昇)

하락보다 상승이 큰 운동은 두 가지 함축을 가진다. 첫째는 상승과 하락의 차이만큼 조정을 보일 가능성이고, 이 경우는 하상차 하락이다. 둘째는 조정 바닥에서 상승과 하락의 차이만큼 추가 상승할 가능성인데, 이 경우가 하상차 상승이다. 〈그림 186〉에서 A의 2음과 B의 5양의 차이만큼 C에서 3음 조정을 보여 하상차 하락 패턴이며 A의 2음과 B의 5양의 차이만큼 D에서 3양 상승을 보여 하상차 상승이다. 하상차 상승 천정 형성 후 조정을 거쳐 신고가 발생으로 새로운 상승 국면 진입이다.

그림 186 〈일〉현대EP(089470) (2009.04.01 ~ 2009.08.14)

240

A의 1음 하락에서 B의 3양 상승은 1음 하락 대비 2양 초과 상승이다. 그런데 3양 천정 이후 조정이 1음으로 완료되고 1양으로 신고가 발생하자 2양 급등이다. 1음 바닥에서 2양봉 시현된 현재 위치가 분기점이다. 왜냐하면 2양봉은 1음 하락에서 3양 상승시 초과 상승된 2양봉이 조정 바닥에서 추가 상승 시현된 위치이기 때문이다. 이 위치를 저항하여 돌파할 경우 반등 이상의 의미가 부여된다.

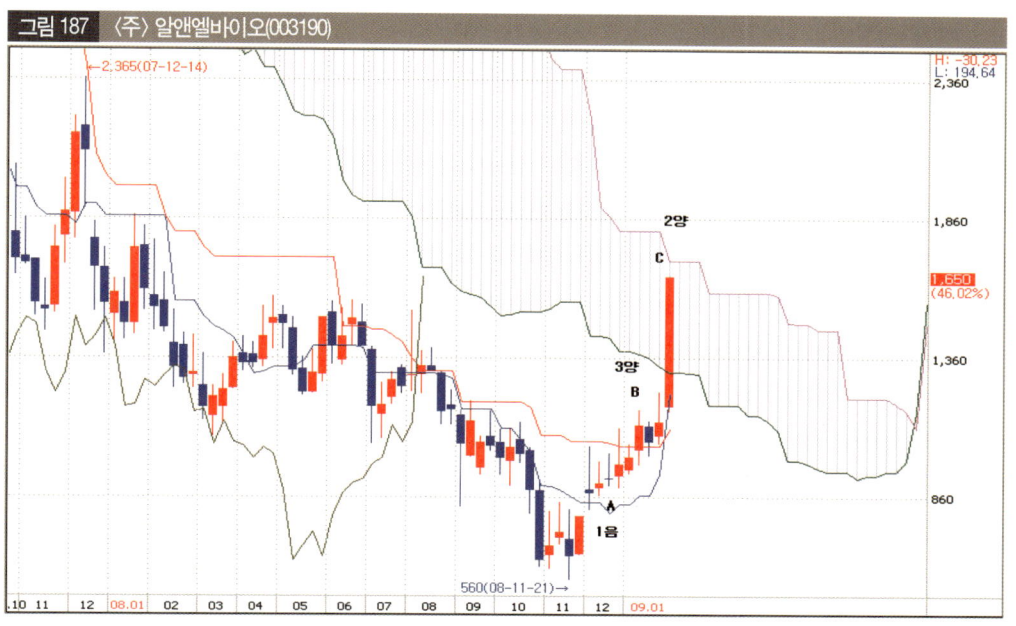

〈그림 188〉은 〈그림 187〉의 그 후 진행이다. A의 1음 하락에서 B의 3양 상승은 2양 초과 상승인데, B천정 이후 1음 조정으로 미상쇄 바닥을 이루어 상대적으로 대기 매수세가 강한 모습을 보인다. 그 후 상승은 A의 1음과 B의 3양 그리고 이후의 1음 조정을 더한 5캔들 운동이 모두 양봉으로 전환되어 C의 5양봉을 이룬다.

A의 1음봉 대비 B의 3양봉이 2양봉 초과인데, C의 5양 상승은 초과된 2양봉 대비 3양봉 초과이므로 3음봉으로 상쇄시키는 것이 필요하다. E에서 1음봉과 2음봉을 더하면 3음봉 조정이 마무리된다.

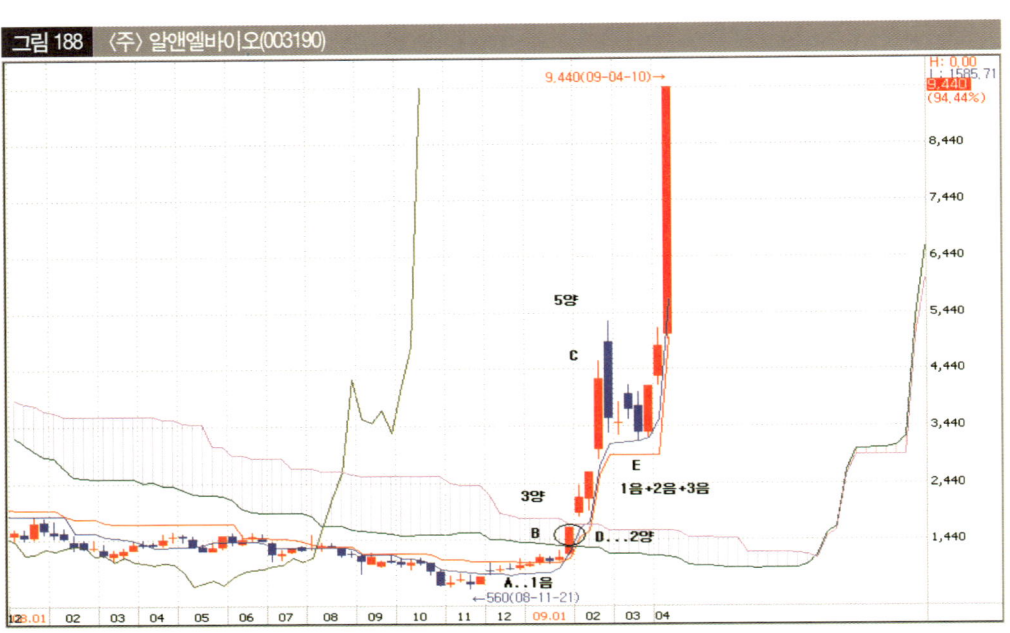

상하합 상승(上下合 上昇)

상승 대비 조정이 긴 패턴에서 바닥이 지지될 때는 상승과 하락을 합한 정도이거나 또는 그 이상 상승을 시현해야 안정적인 상승 모델이 된다. 〈그림 189〉에서 A의 1양 상승과 B의 3음 하락을 합하면 4양 상승이 적정한데, B바닥에서 D천정까지 C의 1양과 D의 4양으로 합 5양을 이루어 A의 1양과 B의 3양을 더한 4캔들 양봉 이상의 1양봉 초과 상승 시현이다. 이 경우 초과된 1양봉 이내에서 조정을 완료하여 신고가 진입하면 장기 상승의 토대를 구축하는 것이 된다.

그림 189 〈주〉 NH투자증권

243

2양, 1음, 5양 상승

상승보다 짧은 하락으로 신저가를 형성한 패턴에서 상승 추세로 확실하게 전환시키기 위해서는 상승과 하락을 합한 에너지보다 추가적인 상승을 이루는 것이 필요하다. 〈그림 190〉에서 A의 2양과 B의 1음을 더하면 3양이 적정 상승인데, C의 1양과 D의 1양 그리고 E의 3양을 합하여 5양 상승이다.

적정 3양 상승 대비 5양 상승은 1.6배 상승이다. 적정 상승 대비 2양 초과 상승에서 조정을 1음봉으로 완료하고 1양봉으로 신고가를 형성하니 급등이다. 즉, 초과 상승 범위 내에서 조정과 신고가를 완성하는 것이다. 비율로는 결합수 대비 1.6배 상승 후 짧은 조정을 거쳐 신고가는 급등 모델이 된다.

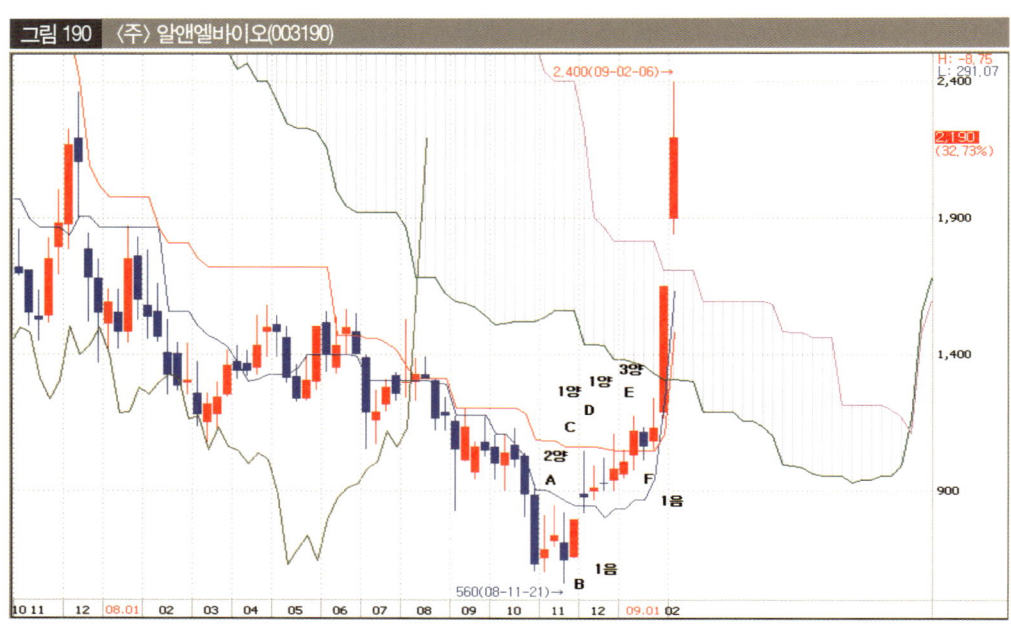

그림 190 〈주〉 알앤엘바이오(003190)

상하차 상승(上下差 上昇)

1양, 3음, 2양… 천정 이후 하락 추세

상승보다 강하게 신저가를 만든 후 추가 하락이 진행되면 반등이 짧게 나타난 후 추세적 하락세로 진입하는 경향이다. 〈그림 191〉에서 A의 1양에서 1음봉으로 양봉을 장악한 후 3 음봉이 진행되자 1양 대비 3음에서 초과 하락된 2양이 C의 1양과 D의 2양으로 상쇄되고 다시 음봉에 의해 D의 양봉이 제압되며 하락 추세로 진입이다. 상하차 상승이 직전 천정 미돌 파시 하락 패턴이 된다.

1양, 3음, 2양… 천정 이후 조정 돌파로 급등

상승 추세 과정에서 상승 캔들수 대비 많은 수의 음봉으로도 양봉을 제압하지 못할 때 상승과 하락의 차이에 해당하는 상승으로 신고가가 나타나면 전저점이 지지되는 조정 후 신고가 급등이 나타나는 경우가 관찰된다. A의 1양에서 B의 3음과의 차이인 C의 2양으로 신고가 후 조정을 거쳐 급등이다.

2양, 1음, 1양 천정

상승 캔들수보다 작은 음봉으로 신저가를 보이면 일단 신고가 출현시 경계 매물 출회가 일반적이다. A의 2양봉에서 B의 1음봉으로 신저가 출현하니 A천정을 돌파하는 C에서 매도로 음봉이 형성된다. 상하차 상승에서 고가 매물 출회이다. C천정을 돌파해야 상승 추세 진입이 가능하다.

상하차 천정 돌파

A의 2양과 B의 1음을 더하면 3양이 적정하나 C의 1양, D의 1양, E의 3양을 더하면 5양이 된다. 적정 양봉수 대비 초과 상승한 2양봉이 F에서 1음봉으로 미상쇄된 1양봉으로 E천정을 돌파하자 급등이다. 적정 상승 대비 초과 상승으로 조정과 신고가를 형성하면 급등 진입 모델이다.

3양, 1음, 2양 천정

주가 상승이 충분히 시현된 상태에서 상승 양봉수 대비 작은 음봉으로 조정을 마무리하면 상승 양봉수에서 조정 음봉수를 뺀 나머지 양봉수가 추가 상승 진행된 위치에서 경계 매물이 출현한다. A의 3양봉 상승에서 B의 1음봉 조정을 빼면 2양봉이 남는데, C의 1양봉과 D의 1양봉으로 충족 후 하락 추세로 전환이다. C의 1양봉 다음 캔들에서 시가 상승시 2양 충족 상태인데 이 상태에서 경계 매물 출회로 종가 음봉이 되어 익일 양봉이 뒤늦게 출현하여 2양봉을 충족시킨 것이다. 그러나 D 양봉의 모양은 직전 음봉을 장악하지 못한 약한 모습으로 다음 음봉에 의해 제압되는 모습이다.

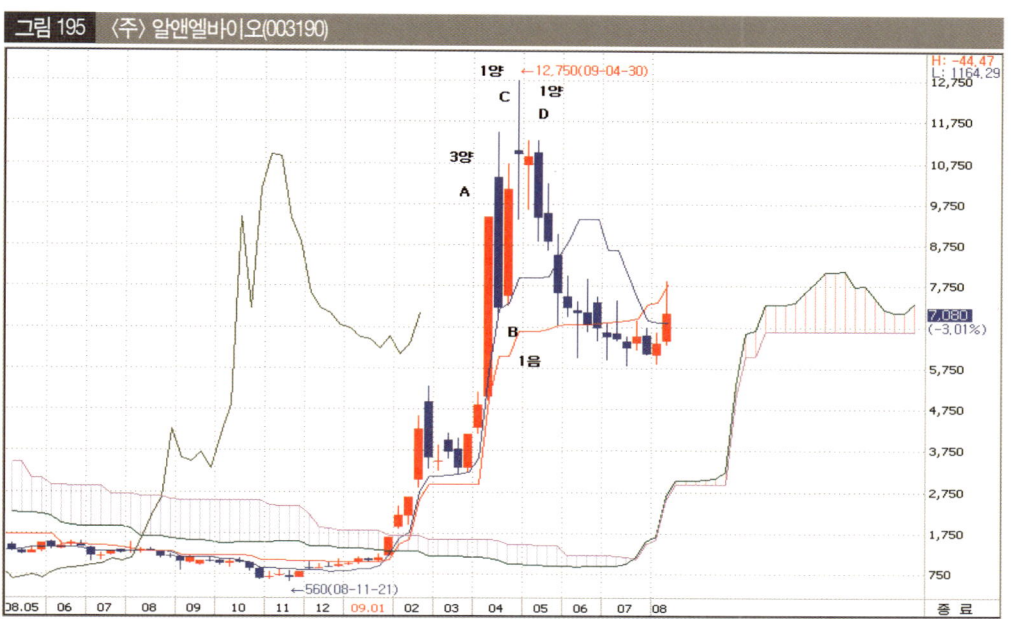

그림195　〈주〉알앤엘바이오(003190)

상승합 상승(上昇合 上昇)

1양, 1양, 2양… 상승 추세

하락 조정이 지속되는 과정에서도 매수세는 계속 활동을 지속한다. 그러다가 상황이 호전되는 기미를 보이면 매수세를 집중시켜 추세를 반전시키는 작업을 하는데, 그 대표적 패턴이 직전 2번의 상승 양봉수를 합한 것만큼의 양봉수를 한꺼번에 형성시키는 것이다. 이것이 상승합 상승이다. A의 1양봉과 B의 1양봉은 매도세에 의해 압도되나 C의 2양봉에 의해 다시 소생하며 상승 추세로 반전된다. A의 1양과 B의 1양을 합하여 C에서 2양이 완성된 익일 경계 매물 출회로 음봉이 형성되고, 이 음봉이 돌파되면서 상승 추세로 진입이다.

1양, 1양, 2양 천정… 하락 추세

　하락 추세가 진행되는 동안 반등 양봉이 형성되어 직전 고점 돌파가 나타나지 않을 때 직전 2번의 반등시 양봉수를 합한 것만큼의 강한 상승이 나타나고, 그 이후 하락이 완화되며 강한 상승으로 추세 반전되는 경우가 하나의 정형화된 패턴이다. A의 1양과 B의 1양을 합한 2양봉이 C에서 형성되고, 그 이후 2음봉 조정이 약하게 진행되자 1양봉으로 2음봉을 장악하는 모습을 2번 보이며 추세를 반전시키는 모습이다.

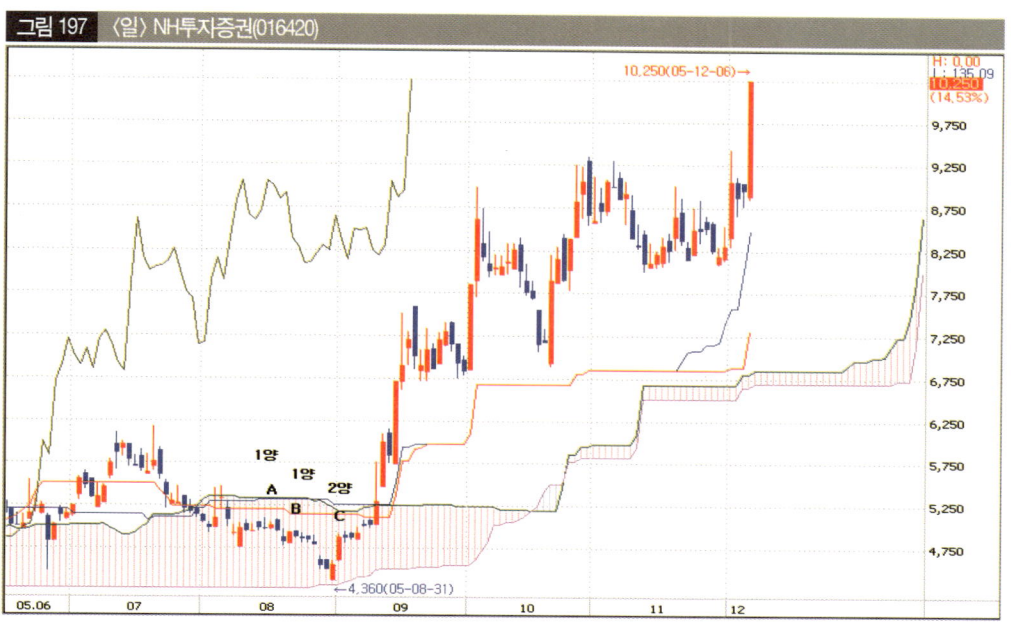

그림 197　〈일〉 NH투자증권(016420)

1양, 1양, 3양 상승… +1양… 1음… 1양 신고가

A의 1양봉과 B의 1양봉을 합한 2양봉이 적정 상승이나, C에서 3양봉이 나타나 적정 상승보다 1양봉 초과로 D에서 1음봉을 형성하여 초과 상승된 부분을 상쇄시킨 후 1양봉으로 1음봉을 제압하니, 그 이후 연속 급등으로 진행되는 모습이다.

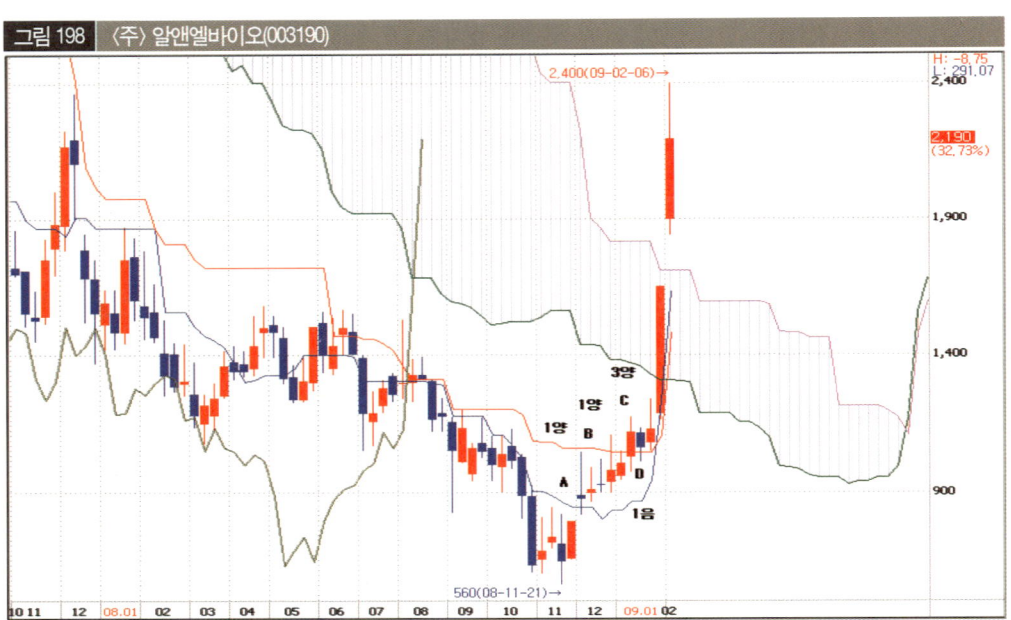

그림 198 〈주〉 알앤엘바이오(003190)

1양, 1양, 3양 천정… +1양… 2음… 2양 신고가

1양, 1양, 3양 상승합 초과 상승 패턴에서 조정을 보이는 모습은 다양하다. 어떤 경우는 1
봉으로 조정을 마무리하고 1양봉으로 신고가를 형성하며 급등으로 진입하는 모습을 보이
기도 하고, 어떤 경우는 2음봉으로 조정 마무리 후 2양봉으로 신고가를 형성하는 경우도 있
다. A의 1양봉과 B의 1양봉 그리고 C의 3양봉은 1양과 1양을 더한 2양 대비 1양봉 초과이다.
C의 3양은 B의 1양 대비 2양 초과이므로 D의 2음봉 조정 후 새로운 상승으로 진입한다.

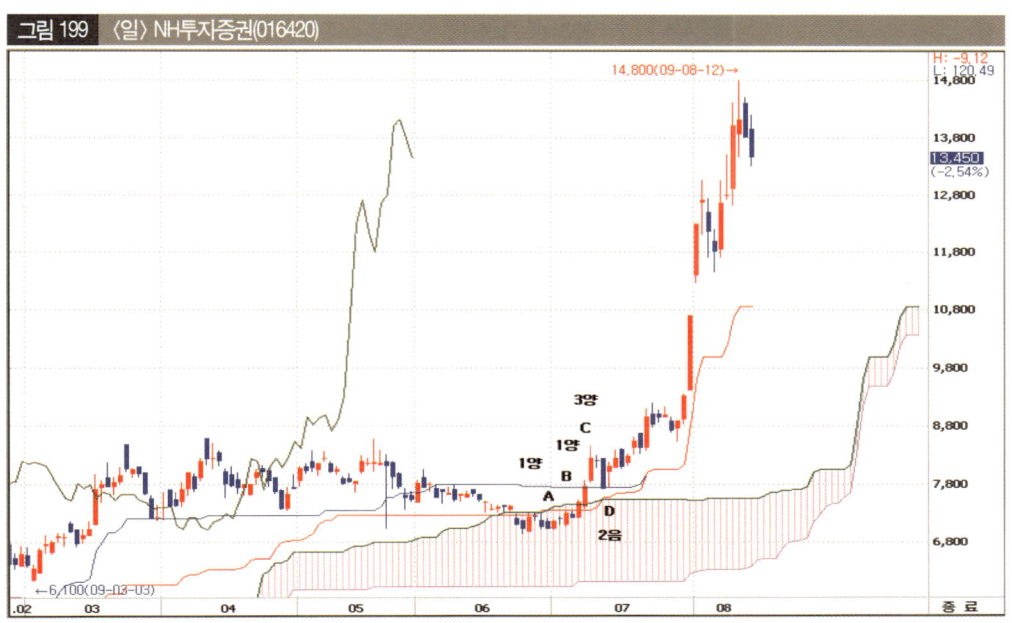

그림 199 〈일〉 NH투자증권(016420)

1양, 1양, 4양 상승⋯ (1+1)+2=4

A의 1양봉과 B의 1양봉을 더하면 적정 상승은 2양봉인데, C에서 4양봉이 형성되어 적정 상승인 2양봉 대비 2양봉 초과이다. 적정 양봉수보다 2양봉 초과 상태에서는 2음봉 조정이 적정한 상쇄이나 D에서 1음봉으로 조정 마무리 후 1양봉으로 신고가이다. 적정 양봉수보다 초과 상승한 캔들수 범위 내에서 조정과 신고가를 마무리하는 것은 매수세가 양호한 패턴이다.

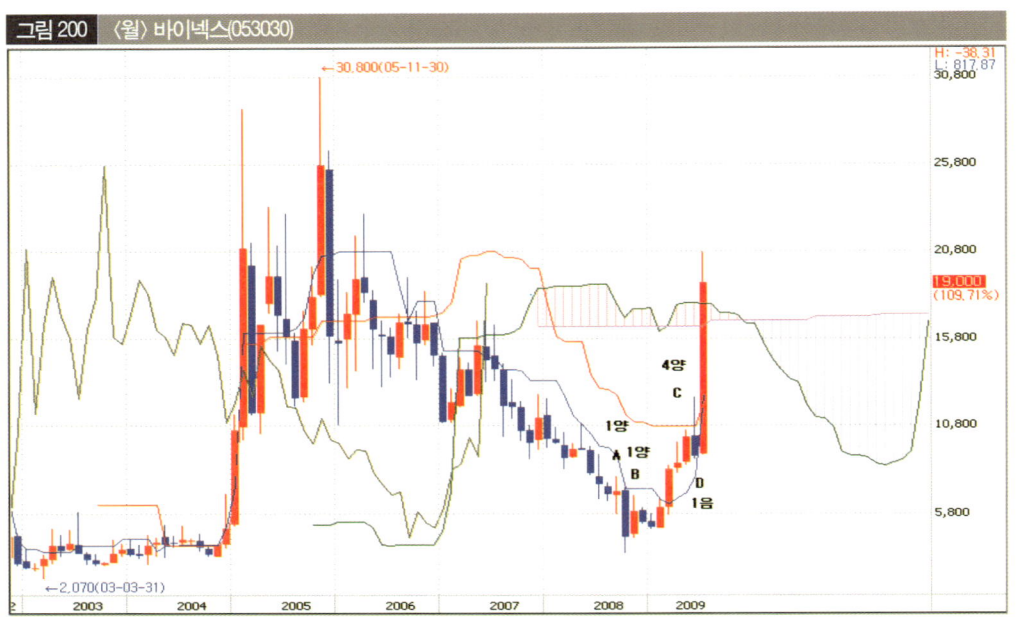

1양, 2양, 3양··· 1양+1양=2양··· 1양+2양=3양

A의 1양 직전 1양봉과 A의 1양봉을 합하면 2양봉이 되어 B에서 2양봉이 된 것이다. 그리고 연이어 A의 1양봉과 B의 2양봉을 더하여 C의 3양봉이 형성된다. 2번의 상승합 상승으로 상승 추세를 형성 후 2음봉으로 조정을 마무리한 다음 본격 상승 추세 진입이다.

1양, 2양, 6양… (1+2+3)=6

상승 추세가 가속화되면 최근 2번의 상승을 합한 것보다 상당히 강한 상승이 연출되는 경우도 빈번하다. A의 1양 상승과 B의 2양 상승을 더하면 3양 상승이 적정하나, C에서 6양 상승이 나타난 적정 상승 대비 3양봉 초과로서 C의 6양 천정 이후 3음 조정이 나타나고, 그 이후 단계적 상승이다.

그림 202 〈일〉다날(064260)(2009.02.25 ~ 2009.08.14)

1양, 3양, 4양… 1+3=4

A의 1양봉 상승과 B의 3양봉 상승에서 적정한 추가 상승은 4양봉 상승이 된다. C에서 4양봉 상승이 나타난 것은 적정한 상승이다. 그 이후 2음봉 조정을 1양봉으로 다시 신고가 발생하며 단계적 상승이다. 상승 과정에서 나타나는 일반적인 특징은 연속 2음봉을 1양봉으로 돌파하는 것이다.

1양, 3양, 5양··· (1+3)+1=5

상승 가속화되는 과정에서 나타나는 일반적인 캔들 패턴은 1양봉 상승에서 3양봉 상승으로 상승이 세 배 가속화하는 것이다. 그리고 그 후의 조정은 1음봉으로 제한되고, 다시 1양봉으로 신고가 후 본격 상승 진입하는 것이다. A의 1양봉과 B의 3양봉 다음 5양봉이 발생하여 1양과 3양을 더한 적정 상승인 4양을 1양봉 초과하고, 초과된 1양봉 범위 내에서 3음봉 조정을 거친 후 다시 급상승이다.

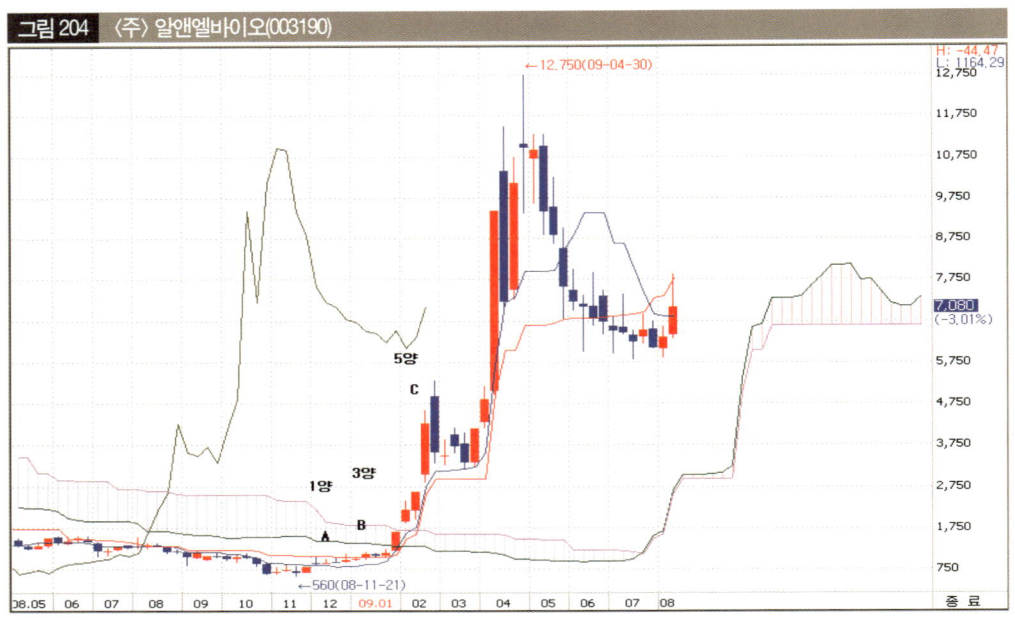

2양, 1양, 3양··· 2+1=3

〈그림 205〉는 2양, 1양, 3양의 축소~확장 상승의 과정을 거쳐 이후 2음봉 조정 후 단계적
상승을 거친 다음 최종적으로 급등으로 진행되는 그림이다. A의 2양과 B의 1양을 더한 3양
이 C에서 나타나고, 1양과 3양의 차이에 해당하는 2음봉으로 조정을 마친 후 신고가 형성되
며 점진적 상승 후 급등이다.

그림 205 〈일〉 알앤엘바이오(001390)

A의 2양과 B의 1양봉을 더하면 3개의 양봉이 적정한 추가 상승인데, C에서 3개의 양봉이 완성되었다. B의 1양봉 다음 2음봉으로 조정한 것과 비교하면 C의 3양봉은 1양봉 초과이므로 C의 3양봉 천정에서 1음봉으로 조정 후 1양, 3양의 차이인 2양봉 천정을 돌파하며 급등이다.

3양, 2양, 5양 상승… 3+2=2+3=5

A의 3양과 B의 2양을 더하면 적정 추가 상승 양봉수는 5개가 되는데, C의 2양봉과 D의 3 양봉으로 5양봉이 완성되었다. 3양, 2음이 2양, 3양으로 전환된 것이다. 상승합이 분할된 양 봉 양자로 충족될 경우 천정 이후 움직임은 경계심리가 형성되므로 주의해야 한다.

4양, 3양, 7양… 4+3=2+2+3=7

A의 4양과 B의 3양을 더하면 추가 상승 양봉수는 7개가 된다. C의 2양봉과 D의 2양봉 그리고 E의 3봉을 모두 더하면 합이 7개가 되어 A의 4양과 B의 3양의 합만큼 추가 상승이 충족된 상태가 된다. 2번의 양봉 양자의 양봉수가 3개의 양봉 양자로 충족이므로 상승 에너지의 분산이다.

상승차 상승(上昇差 上昇)

1양, 2양, 1양··· 2-1=1

강한 상승의 경우는 상승합 상승이 나타나는 것이 일반적이나 시장의 경계심이 여전히 강한 경우 약간 둘러가는 경로를 밟게 되는데, 이것이 상승차 상승에서 천정을 만들어 이 천정을 돌파하는 것이다. A의 1양과 B의 2양의 차이는 1양이므로 C에서 1양 천정 후 2음 조정 다음 신고가로 급등이다.

그림 209 〈일〉 알앤엘바이오(003190)

1양, 3양, 2양… 3-1=2

시장이 주간 차트나 월간 차트에서 충분히 상승한 다음 상승차 상승이 나타나는 경우, 에너지 소진의 신호가 되는 경우도 빈번하므로 주의가 필요하다. A의 1양에서 B의 3양으로 초과 상승한 2양봉이 발생하면 천정일 것이라는 경계심리가 형성될 수 있다. C에서 1양봉 다음 상승시 경계 매물 출회로 종가 음봉이 된 것은 1양 다음 캔들에서 시가 상승시 2양 충족이므로 선취 매도가 실행되는 것이다.

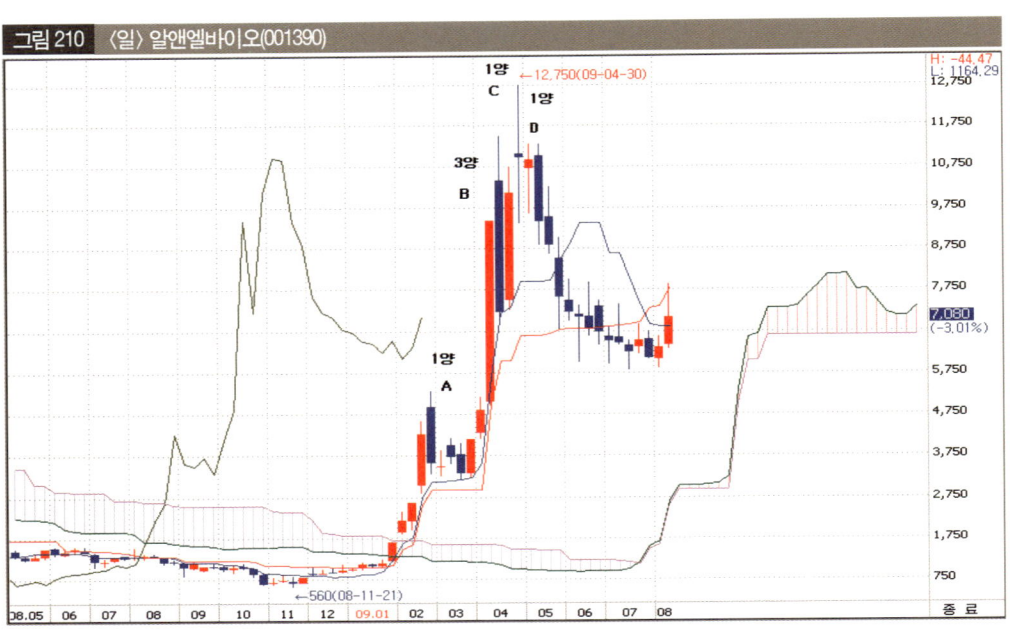

조정 바닥에서 새로운 상승을 도모하는 경우, 상승을 확장시킨 패턴에서 상승을 축소시킨 패턴으로 변화한 다음 그 천정을 돌파함으로써 새로운 상승이 출발한다는 인상을 주는 과정을 밟게 되는 경우가 빈번하다. A의 1양에서 B의 3양으로 확장 후에 C의 2양으로 축소 후 신고가로 급등이다.

그림 211　〈일〉알앤엘바이오(001390)

1양, 5양, 4양 천정… 5-1=4

A의 1양봉 상승에서 B의 5양봉 상승으로 진행은 A의 1양봉 상승 대비 4양봉 초과 상태이다. 이 상태에서는 두 가지 선택을 하게 되는데, 약세론자는 A의 1양에서 B의 5양으로 4양봉 확장이므로 조정 바닥에서 4양봉이 추가 형성된다면 매도한다는 전략을 가질 것이다. C에서 4양 상태에서 경계 매물이 형성되는 것은 자연스러운 것이다.

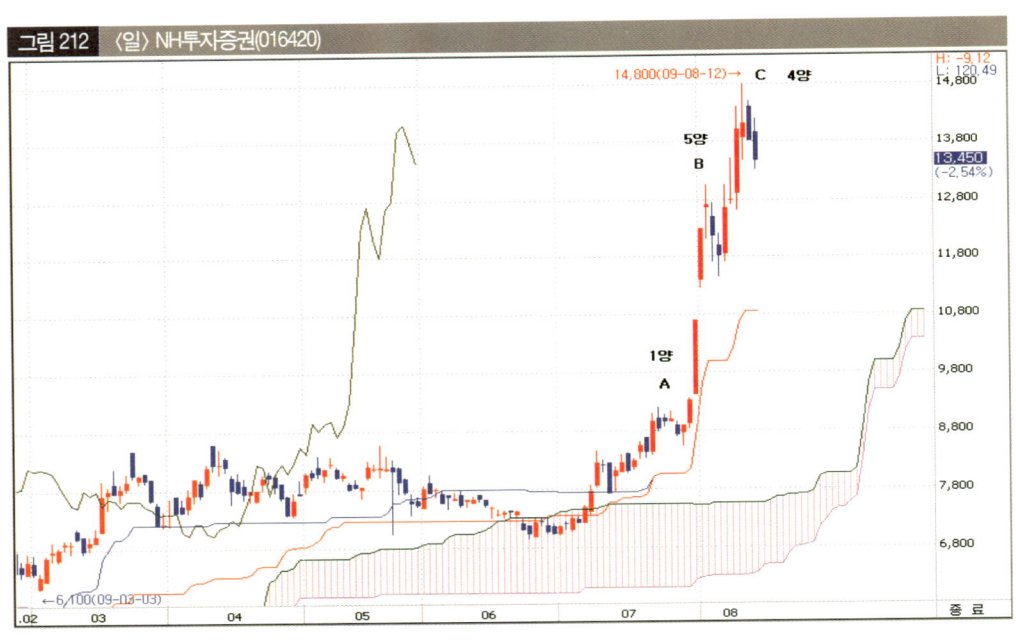

3양, 4양, 1양 천정··· 4-1=3

하락 추세가 진행되는 과정에서 반등 양봉수가 증가되는 상황에서도 직전 고점이 돌파되지 않을 때 양봉 양자간의 양봉수 차이만큼 조정 바닥에서 양봉 형성 후 하락 가속화로 진입하는 경우가 발생될 수도 있으므로 주의가 필요하다. A의 3양에서 B의 4양 후 C의 1양 천정으로 급락이다.

그림 213   〈주〉 NH투자증권(016420)

4양, 1양, 1양, 1양, 1양 천정··· 4=1+1+1+1··· 분할 배분 천정

복수의 양봉이 연속된 후 추가 상승이 나타날 때 추가 상승이 형성되는 양봉의 수와 연속 양봉을 구성한 양봉수가 같은 위치에서 분기점을 형성하는 경우도 빈번하므로 주의가 필요 하다. A의 연속 4양봉이 B의 1양봉과 C의 1양봉 그리고 D의 1양봉과 E의 1양봉으로 분할 배 분된 위치에서 천정을 형성하여 약 5주 조정 후 바닥을 형성한 상태에서 재상승으로 진입하는 모습이다.

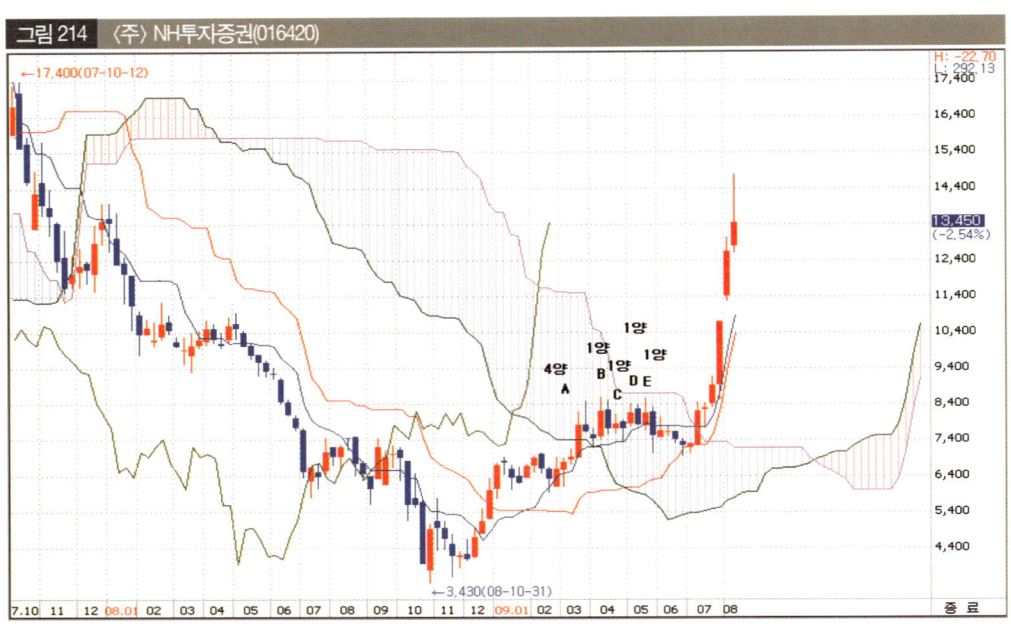

5양, 1양, 3양, 1양

〈그림 215〉는 복수의 양봉이 연속된 패턴에서 추가 상승이 나타날 경우 연속된 양봉을 구성하는 양봉수가 추가 양봉수와 같게 되는 위치에서 분기점을 형성하는 두 번째 그림이다. A의 5양봉 상승 이후 B의 1양봉, C의 3양봉, D의 1양봉으로 A의 5양봉이 분할 배분된 상태에서 천정 이후 급락이다.

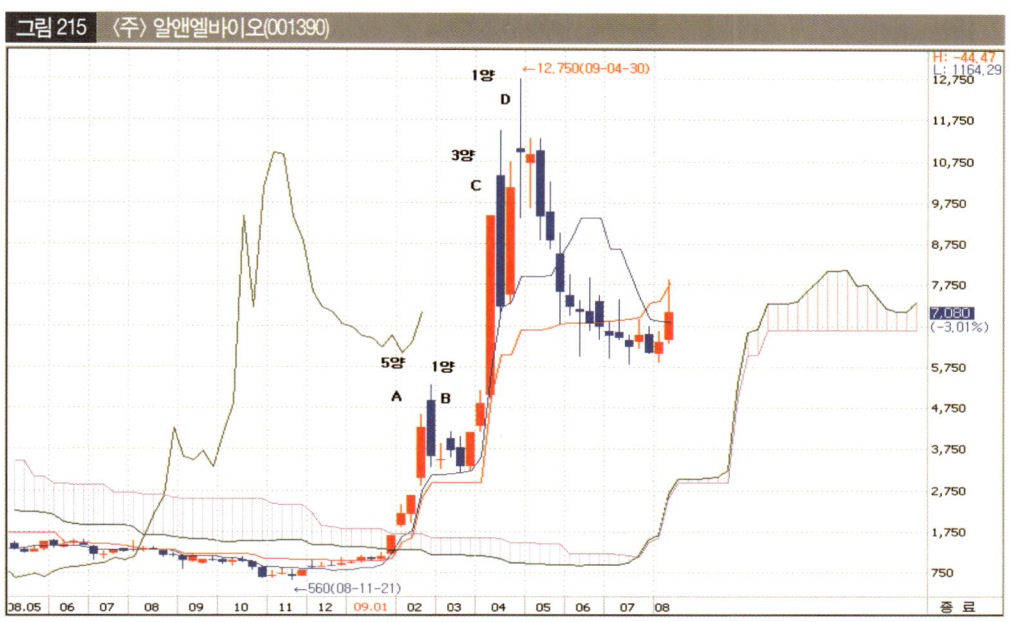